Think Fast, Talk Smart

米MBA生が学ぶ「急に話を振られても困らない」ためのアドリブ力

マット・エイブラハムズ 著　見形プラットかおり 訳

SE
SHOEISHA

私の家族、恩師、メンター、
そして協力してくれた方々
全員に捧げます。
私が思考のスピードを上げ、
スマートに話せるようになったのは、
皆さんのおかげです。

語られない物語を胸のうちに
抱え込むことより大きな苦しみはない
——マヤ・アンジェロウ

上手な即興スピーチには、
準備にたいてい３週間より長くかかる
——マーク・トウェイン

Think Faster, Talk Smarter:
How to Speak Successfully When You're Put on the Spot
By Matt Abrahams

Japanese translation rights arranged with
Fletcher & Company, New York,
through Tuttle-Mori Agency, Inc., Tokyo

もくじ

PART 1　理論編
即答力を鍛える6つのステップ

PART2 応用編 6つのシチュエーション

本書内容に関するお問い合わせについて

このたびは翔泳社の書籍をお買い上げいただき、誠にありがとうございます。弊社では、読者の皆様からのお問い合わせに適切に対応させていただくため、以下のガイドラインへのご協力をお願い致しております。下記項目をお読みいただき、手順に従ってお問い合わせください。

●ご質問される前に

弊社Webサイトの「正誤表」をご参照ください。これまでに判明した正誤や追加情報を掲載しています。

正誤表
https://www.shoeisha.co.jp/book/errata/

●ご質問方法

弊社Webサイトの「書籍に関するお問い合わせ」をご利用ください。

書籍に関するお問い合わせ
https://www.shoeisha.co.jp/book/qa/

インターネットをご利用でない場合は、FAXまたは郵便にて、下記"翔泳社 愛読者サービスセンター"までお問い合わせください。電話でのご質問は、お受けしておりません。

●回答について

回答は、ご質問いただいた手段によってご返事申し上げます。ご質問の内容によっては、回答に数日ないしはそれ以上の期間を要する場合があります。

●ご質問に際してのご注意

本書の対象を超えるもの、記述個所を特定されないもの、また読者固有の環境に起因するご質問等にはお答えできませんので、予めご了承ください。

●郵便物送付先およびFAX番号

送付先住所　〒160-0006　東京都新宿区舟町5
FAX番号　03-5362-3818
宛先　(株)翔泳社 愛読者サービスセンター

※本書に記載されたURL等は予告なく変更される場合があります。
※本書の出版にあたっては正確な記述につとめましたが、著者や出版社などのいずれも、
本書の内容に対してなんらかの保証をするものではなく、内容やサンプルに基づくいかなる運用結果に関してもいっさいの責任を負いません。
※本書に記載されている会社名、製品名はそれぞれ各社の商標および登録商標です。

はじめに

「あなたはどう思いますか？」

このシンプルで、一見当たりさわりのなさそうな質問を投げかけられ、返事に困るという経験が、誰にでもあるでしょう。周りから返事を期待されて緊張と不安におそわれ、すくみあがってしまう人もいるかもしれません。

次のようなシチュエーションで「あなたはどう思いますか？」と問いかけられたら——。

- 大人数でのズーム会議に参加中、うわの空で昼食のことを考えていたのに、上司にいきなり話を振られる
- 重大発表を台無しにするほどひどいプレゼンを聞き終えて帰ろうとしたところ、せまいエレベーターで発表者と乗り合わせ、感想を求められる
- 絶対に採用されたい会社に呼ばれた懇親会で、他の社員も同席する中、面接官の

- 役員に意見を聞かれる
- 広い講堂で高名な教授からランダムに指名される

心構えのない状態でいきなり質問されると、言葉につまり、怖じ気づくものです。すばやく、明確に、少しでも感じの良い答えを返さなければとプレッシャーを感じます。何よりも、下手なことを言って恥をかきたくないという思いに駆られます。

正直に認めましょう。「あなたはどう思いますか？」と不意に質問される時、本音ではこう思っているはずです。「聞かないでくれ！」

即答を求められるのは誰にとっても恐怖

自分の意見を求められる時以外にも、とっさに考えて話す必要に迫られる機会はたくさんあります。結婚式の披露宴で、急に祝辞を頼まれる。オンライン会議にログインしたところ、たった一人で待っていた最高経営責任者（ＣＥＯ）から話しかけられる。立食パーティーで、仕事に役立ちそうな人脈を紹介される。プレゼンの後に突然、聴衆からの質疑に15分ほど応じてほしいと頼まれる。

厄介な事態に直面し、アドリブでの対応を余儀なくされることもあります。恥ずかしい失言を言いつくろう必要に迫られる。大事な営業プレゼン中にIT機器が故障し、何とか切り抜けなければならない。イライラして発した余計な一言を謝りたい。頭がいっぱいになり、相手の名前や肝心なポイントをど忘れしてしまうことも――。

ほとんどの人にとって、自然発生的なコミュニケーションは恐怖です。米国でのアンケート調査によると、**虫より、高所より、針より、ゾンビより、おばけより、暗闇より、ピエロより怖がられているのが「人前で話すこと」**[1]。しかも、これは事前にスピーチを用意できることを前提とした回答です。準備の時間も、台本もメモもない、即興での受け答えに対しては、一段と恐怖感が強まるという調査結果が出ています。[2]

人前で話すことにあまり緊張しないタイプでも、言い間違えたり、言葉につまったり、思うような反応が得られなかったりすれば、冷や汗をかくでしょう。うまく立ち回れない自分に焦るという悩みは、即答を求められる不安と同じくらいよく聞かれます。このような思いにとらわれていると、当意即妙にそつなく受け答えできるコミュニケーションの達人になろうといくら努力しても、うまくいかない可能性があります。

注目されて緊張するのは当然

どうか試してみてください。まず、胸の前でいつも通りに腕を組みます。そして両腕をいったんほどき、今度は反対の腕を上にして組んでみます。変な感じがするでしょう。一瞬、どうやって腕を組むのかわからなくなるはずです。思ったように身体が動かずに戸惑い、ちょっとしたパニックに陥ったかもしれません。

即答を求められると、同じような感覚になることがあります。

普段はたいてい、ただ腕を組むのと同じように、自分が何を考え、何を言いたいかわかっています。それなのに、シチュエーションが変わって人前に立たされ、プレッシャーがかかると、頭が混乱し、精神的な余裕がなくなり、怖じ気づいてしまいます。

その時、闘争・逃走反応が生じて胸がドキドキし、手足が震え、「水道管の逆流」と呼ぶべき現象が起きます。つまり、通常は乾いている部分（手のひら）が汗をかき、通常は湿っている部分（口の中）がカラカラになります。いつもの調子を取り戻せないまま、言葉につかえ、しどろもどろになり、言いよどみます。話が脱線します。立っていれば足元ばかりに目がいき、座っていればイスの中で縮こまります。落ち着きがなくなり、何度も「ええと」「あの」を繰り返します。

「アドリブの才能」なんてものはない

即興で受け答えできる能力は、生まれつきの性格や才能の一部だと思われがちで、「できる人にはできるし、できない人にはできない」とよく勘違いされます。私たちは「恥ずかしがり屋だから」「数字の方が得意な人間だから」などと言い訳し、素質に恵まれていないと自分を納得させます。頭の回転が遅いから無理だと決めつける人もいます。

たった一度の出来事で、もう一生うまくコミュニケーションできないと思い込むこともあります。図書館で働くアーマは60代後半で、孫娘の結婚式にその場でぴったりの言葉を選んで贈りたいけれど、立ち上がって話すことを考えただけで背筋が寒くなると言います。

どうして怖いのか聞いてみると、何十年も前の高校時代の経験が原因だと話してくれました。教師の問いかけに答えたら、「これまで教え子から聞いた発言の中で一番出来が悪く、ばかげている」と言われ、クラス全員の目の前で恥をかかされたそうです。

これがきっかけで、アーマは人の集まる場所を避けたがるようになり、その後の生き方も大きく変わりました。司書という職業を選んだのは、仕事上で唐突なコミュニケーションにわずらわされずに済むからです。考えてもみてください。たかが一度、受け答えに失敗しただけで、アーマは人生の選択肢を大幅に狭めることになったのです。

極端な例に聞こえるかもしれませんが、似たような行動を取っている人は少なくありません。**過去の失敗によって受け答え能力の低さを思い知らされ、なりゆきで話すことに強い恐怖を抱くようになります。すると、あがってしまってパフォーマンスがさらに悪化し、緊張感がいっそう強まり、ますます話し下手になるという悪循環に陥ります。**不安な気持ちがさらにふくらむと、「こんなのできない」という考えばかりが頭に浮かぶ状態になり、人目を避け、たとえ優れたアイデアや意見を持っていても発言しなくなります。

自然発生的なコミュニケーションに苦手意識を持ち、うまくできないままでいると、仕事や人生でつまずきかねません。

私が何年も前に勤務していたIT系の小さなスタートアップで、同僚のクリスが目玉製品の位置付けについて素晴らしいアイデアを思いついたことがあります。戦略の組み直しを必要とする大胆な提案だったため、社内で徹底的な検討が行われました。詳しい説明を求められ、厳しいながらも当然の質問を突きつけられると、クリスは固まってしまいます。緊張して、的外れであいまいな返事を続けるばかり。上司も同僚もがっかりして彼の意見に耳を傾けなくなり、せっかくのアイデアが正当に評価されませんでした。

最終的にクリスは解雇されましたが、その6カ月後に何と、まったく同じアイデアの採用が社内で決まります。唯一違ったのは、いきなり質問を浴びせられても、新しい社員を迎えた担当チームが説得力をもって的確に説明できたことでした。

Think Fast, Talk Smartを達成するには

とっさに話すのが苦手なアーマやクリスのようなタイプにも希望はあります。本書を通

じて、皆さんにそう理解してもらえると嬉しいです。

生まれつき外向的で気後れせず、機転が利き、口が達者な人はいます。しかし、素質に欠けるからと言って、不得意なままとは限らず、そう生きることを運命付けられたわけでもありません。自然発生的なコミュニケーションに最も重要なのは、もともとの適性でも性格でもなく、話すという課題へのアプローチ方法です。

思考のスピードを上げ、よりスマートな話し方を身につけること（Think Fast, Talk Smart）は、誰にでも可能です。

人当たりが良く、社交的で、話し上手だと自負している人も、本書で紹介するメソッドと、文脈ごとに適した型を取り入れれば、さらに自信と余裕を持てるようになります。

メソッドには6つのステップがあります。

1つ目のステップは、どんなコミュニケーションでも人は緊張するもので、アドリブで話そうとすればなおさら神経がすり減るという常識の再確認です。不安への対処法を各自に合った形で作り上げ、気持ちを落ち着けることを学びます。

2つ目のステップは、コミュニケーションへの取り組み方と、自他に対する評価の仕方の見直しです。受け答えを求められた時、相手と関係を構築し、手を取り合うための機会だと考えられるようになります。

3つ目のステップは、心構えをあらため、リスクを恐れず、ミスをしても「映画のワンシーンの撮り直しみたいなものだ」と気持ちを切り替えられるための取り組みです。

4つ目のステップでは、相手が何を話しているか（そして何を話していないか）に耳を傾けつつ、自分の内心の声や直観にも注意を向けられるようにします。

5つ目のステップでは、メッセージをよりわかりやすく、的確に、説得力をもって伝えられる話の組み立て方を学びます。

6つ目のステップでは、話の焦点を絞り、相手の心に届く形でわかりやすく簡潔に伝えることを通じ、肝心な部分から聞き手の注意をそらさない方法を身につけます。

6つのステップで紹介されるテクニックの一部は、話しているその瞬間から実践できます。とはいえ、6つのステップに含まれるスキルの数々は基本的に、いつか求められるであろう突然の受け答えに備え、時間をかけて育まれることを前提としています。

アドリブで話すための一番の秘訣は、練習と準備にあります。時間をかけて古い習慣から脱却し、行動を意図的に選択することを学べば、誰でも優れた話し手になれます。逆説的ではありますが、**突然のシチュエーションをうまく乗り切るには、事前の準備が必要**なのです。自分の考えや個性を最大限に引き出すためのスキルを鍛えなければなりません。

新しいスキルを学ぶに当たり、自分にプレッシャーをかけすぎないようにしましょう。とっさの場面でも優秀なコミュニケーターとなるには、時間がかかることを忘れないでください。すぐに完璧になろうと焦る必要はありません。

自然発生的なコミュニケーションの能力を磨くには、粘り強さ、意志の強さ、そして自分へのいたわりが必要とされますが、私の教え子やクライアントたちが知っている通り、人生を大きく変えるほどの効果があります。

現実はＴＥＤトークのようにはいかない

コミュニケーションの達人なら完璧に自己表現できるという根強い誤解は、自然発生的な受け答えを訓練するうえで最大の障害です。

ＴＥＤトークのスピーカー陣は、メモを見ずに思いつきでしゃべっている様子でありながら、見事なパフォーマンスを披露します。アップル創業者のスティーブ・ジョブズや、ミシェル・オバマ元米大統領夫人も、誰もが知っている通りカリスマ性にあふれ、大勢の聴衆の心をつかみます。

実は、ＴＥＤトークにはかなり細かい台本が用意されており、録画に編集が加えられることもあります。ジョブズやオバマなどの有名人は何カ月も練習を重ね、パフォーマンスの質を高めます。

私たちはこのように事前に計画され、磨き上げられたコミュニケーションを、普段よくあるとっさの受け答えと混同しがちです。日常的な場面での話し方を、リハーサルを重ねたスピーチと同じ基準で評価してしまいます。それは間違いです。

プレゼンのように完璧を目指すのではなく、不完全さを受け入れ、その都度ベストを尽くすことに集中しましょう。自己批判する心の声を抑えられるように訓練すれば、自分が感じるストレスをやわらげ、コミュニケーションの目的を達成する能力を高められます。「正しい」コミュニケーションを目指そうとすると、むしろ意思疎通がうまくいかなくなる可能性を高めます。完璧だと思う答えを丸暗記したり、特定の話し方にこだわったりすれば、記憶をたどることばかりに必死で、周りの状況が目に入らなくなります。臨機応変に自分らしく受け答えする機会を逃してしまいます。思考のスピードを上げ、スマートに話すには、ありのままの自分を保ち、その場に意識を向け、聞き手と心を通わせなければならないのに、その状態から遠ざかってしまいます。

アルファベット順で得したこと

フィードバックに傷ついて司書になったアーマの例を思い出してください。私は子どものころに正反対の経験があります。本書のカバーを見て、私の名字が「エイブラハムズ(Abrahams)」、つまりAとBで始まることに気付いてもらえたでしょうか。この取るに足らないような事実によって私の運命が方向付けられ、この本を執筆することになりました。

学校の教師は名字のアルファベット順で生徒を呼ぶことが多く、必ずと言って良いほど最初に当てられるのが私でした。これまでの人生において、名簿の先頭をアボット（Abbott）さんやアビー（Abbey）さんに譲ったのは2回だけだったと記憶しています。

いつも最初に指名されるため、他の人の発言を参考にはできず、考える時間もほとんどありません。小学生のころから、即答を求められるのが日常茶飯事でした。最初は緊張したものです。ところが、だんだん慣れていきました。**自分をさらけ出してみる勇気を持ち、リスクを恐れず、とにかく何か口に出し、ジョークを交える**。先頭を切って発言することで、クラスメイトたちから感謝されているとも感じました。

こうして好意的な反応が得られると、リスクを取ることに一段と積極的になり、緊張が解け、チャンスをありがたく受け止めるようになります。高校生になるころには、真っ先に口を開く社交的なタイプとして知られていました。話がおもしろいとか、一緒にいて楽しいとか、チャーミングだとか言われることもありました。

私は生まれつき口がうまく、人を楽しませる素質に恵まれ、魅力にあふれていたのでしょうか。私の子どもたちに聞いてもらえばすぐわかりますが、まったく違います。普段の生活における受け答えの中でたくさんの経験を積み、自然発生的なコミュニケーションのコツを徹底的に身につけたにすぎません。

今度はあなたの番です。私のように、即興性が求められる場面で自信と余裕を持って話せるようになってください。もちろん、名字を変える必要はありません。

スタンフォード生たちの人生が変わった

私が勤めるスタンフォード大学経営大学院で、2010年代に入ってから教授陣がある傾向に気付きました。教員の多くは、大きな教室に集まった学生の中からランダムに指名して問いに答えさせます。ケーススタディの課題を出した後、次の授業で何人かを選んで発表させ、ソクラテス並みに質問を浴びせることもあります。

スタンフォードの学生は優秀で、理路整然と説明する能力があり、意欲に満ちています。スピーチを準備させれば、最高の形に仕上げてきます。学校の卒業生代表として、あるいは社会人になってから、スピーチの経験をすでに培ってきたケースも珍しくありません。

それでも、授業中にいきなり指名されると、しどろもどろになります。とても不安げな様子で教室に入ってくる学生も、当てられそうな日に欠席する学生も少なくありません。急に発言を求められた瞬間、緊張で固くなります。答えがわかっていても、すぐには要領を得た返事ができません。

コミュニケーションを専門とし、スタンフォード大学経営大学院やスタンフォード継続学習プログラムでチームティーチングに参加していた私は、こう頼まれました。あらたまった場面でのコミュニケーション方法を学ぶコースは存在するので、授業での突発的な受け答えに役立つ新しいコースを設計してほしいと。

そこで私は、自然発生的なコミュニケーションに関連する資料を可能な限り読みあさりました。コミュニケーション学、心理学、進化生物学、社会学、教育学といった分野の学術誌に目を通しました。即興コメディの教科書に手を伸ばし、政治、ビジネス、医療現場などでの事例を分析しました。そして何よりも、スタンフォード大学の教員仲間たちから学んだことがたくさんありますので、本書の中で紹介していきます。

集まった資料と、スタンフォード継続学習プログラムの「即興スピーキング」コースを講師仲間のアダム・トービンとともに受け持つ経験から生まれたのが「Think Fast, Talk Smart: Effective Speaking in Spontaneous and Stressful Situations（思考のスピードを上げ、スマートに話す――不意に訪れるストレスフルな場面で効果的なスピーキング）」という挑発的な（ただし英文法的には正しくない）名前のワークショップです。

この授業がスタンフォード大学経営大学院の定番コースとなったのは嬉しい驚きでした。スタンフォードのMBA学生の大半が、思考のスピードを上げ、スマートに話す方法を、卒業までに習得します。私はその内容を、動画やポッドキャストを通じてオンラインで提供するほか、企業、非営利組織、政府機関でのコンサルティングを行っています。

これまでの反響は素晴らしいものです。ランダムな指名が怖くなくなり、授業が一段と楽しくなったという学生。オンラインで学んだことを、採用面接、資金集め、口頭試験、営業トーク、上司へのアピールに役立てられたという声。プロポーズがうまくいったという人もいました。企業からは、コミュニケーションの円滑化、協力関係の強化、働きやすい職場につながり、結果的に業績が改善したというフィードバックが寄せられています。

あなたも自然発生的なコミュニケーションが得意になれるとしたらどうでしょうか。大勢の人の前で指名されても、試練や拷問のように感じず、その場に参加して学び、人間関係を育み、喜びを得るチャンスだと思えるようになるとしたら？　自信のなさ、手のひらの汗ばみ、ぎこちない沈黙にさよならを告げ、論理的かつ簡潔に、説得力をもって伝える能力を獲得できるとしたら？　スポットライトが不意に当たるチャンスを逃さず、とっさに考えてうまく話せるようになるとしたら？

決して無理なことではありません。本書には、なりゆきでのコミュニケーションに自信を持てるようになるための実践的な方法が凝縮されています。

パートⅠは6つの章に分かれた理論編で、いきなり話そうとする時に立ちはだかる障害の理解に効果的です。即興的なやり取りを難しくする原因が明らかになります。読者の皆さんは、これらの原因すべてに心当たりがあるわけではないかもしれませんが、学生、起業家、さまざまな分野の第一人者を対象としたトレーニングで常に突き当たる問題です。

パートⅠではまず、不安感をなだめる方法（第1章「気持ちを落ち着ける」）、邪魔な完璧主義から脱する方法（第2章「自己を解き放つ」）、厄介なマインドセットを変える方法（第3章「心構えを変える」）を学びます。そのうえで、耳を澄ますことで聞き手のニーズを探り当てる方法（第4章「耳を傾ける」）、とっさに話の流れを組み立てる方法（第5章「話を構成する」）、簡潔にまとまった伝え方で聞き手の関心を離さず、説得力を増す方法（第6章「焦点を定める」）を習得します。

パートⅡでは、なりゆきで発言を求められるシチュエーションの代表的な例を取り上げていきます。フィードバックを提供したり、面接を受けたりと、コミュニケーションが難しい場面でのテクニックを解説します。そのほか、相手を説得する、雑談を盛り上げる、お祝いや追悼の席であいさつする、謝罪で誠意を伝えるといった場面へのアプローチ方法も紹介します。巻末の付録には、話の組み立てに使える型の一覧を掲載しています。

特定の場面に備えたいのであれば、すぐにパートⅡや付録のページを開いて構いません。ただ、コミュニケーション能力を根底から高めたいと思い始めたら、その方法がパートⅠに書かれていることをお忘れなく。

本書で紹介するテクニックがしっかりと身につくようにするため、まずやってみてほしいコツには「**試してみよう**」、より深めてほしい根本的なスキルの練習には「**実践してみよう**」と表示しています。

これらのテクニックは、失言からの軌道修正、険悪ムードの解消、悪い知らせの伝達、好きな人を口説く会話、パーティーで一目置かれる言動など幅広い用途に有効で、普段から印象が良く効果的な受け答えをするのにも役立ちます。

とっさの受け答えに備える

もちろん、本書で紹介されるテクニックを学ぶだけで、どんな場面でも完璧に話せるようになるとは約束できません。正直なところ、私は完璧なパフォーマンスが常に望ましいとも思っていません。自然発生的なコミュニケーションは、文字通り自然に発生します。それを一番うまくこなせるのは、本書に書かれているツールやテクニックを柔軟に、すばやく応用し、工夫を凝らせる人です。自分の話し方を会場や雰囲気に合わせられる人です。

しかし、話し方のコツを一通り頭に入れておくだけでも、これからの人生が大きく違ってくる可能性があります。とても話せないと思うような状況で唐突に応答を求められても、どう対処すべきかの基本を知っておくことで、自信と余裕が生まれます。

自然発生的なコミュニケーションの方法を学ぶのは、スポーツの練習に似ています。最初に基礎を習得し、それを実践の場に生かしていく。大きな試合でホームランを打ったり、決勝点を決めたりできるとは限りませんが、少なくとも目標に向かって大幅に前進し、努力に自信を持てるようになります。

肝心なのは、トレーニングを信じ、リスクを恐れず、現状に甘んじず、試行錯誤することです。既存の知識がすべて不要になるわけではありません。新たな選択肢の一つとなるアプローチを探って取り入れ、これまであまり意識してこなかったコミュニケーション場面で実践を重ねましょう。

本書を参考にしながら練習を続けてください。大小さまざまな会議、結婚式、出張、メディア対応など、ここぞという場面で本書を活用してください。ツールやテクニックの習得により、あなたの使えるコミュニケーション方法のレパートリーが広がれば、あらゆるシチュエーションでもっとうまく話せるようになります。

おかしなことに、私たち人間には、人生の重要な場面に対応するための能力が必ずしも備わっていません。ここぞという瞬間は唐突に訪れるのに、すると思考回路がショートし、せっかくの個性が発揮できなくなってしまうのです。

対策はあります。**その場で考えて話せるようにトレーニングすれば、一貫性と説得力を兼ね備えながら、いかにも自分らしく受け答えできるようになります。ありのままの個性をさらけ出し、本音を伝える方法を身につけられます。**

それでは始めましょう。ここからの章で紹介する6つのステップを学び、実践すれば、あなたも Think Fast, Talk Smart を達成できます。

PART 1

理論編：
即答力を鍛える
6つのステップ

CALM

UNLOCK

REDEFINE

LISTEN

STRUCTURE

FOCUS

第1章 気持ちを落ち着ける——不安感を手なずけよう

とっさのコミュニケーションに不安を感じても、
ほんの少しの努力で感情に飲み込まれなくなります。

タマネギをむくと、ほぼ決まって涙が出ます。ところが昔、タマネギに泣かされるどころか、大変なパニックを引き起こされた経験があります。ソフトウェアを開発する新興企業の採用面接に臨んだ時のことでした。いくつかの選考過程を進み、最後に待ち受けていたのがＣＥＯとの面接。新しい社員を雇う前には、必ず自分が話を聞くというスタンスの人物でした。

時間通りに到着すると、ＣＥＯがもう私のことを待ち構えています。地位の高い人は多忙で遅刻するパターンに慣れていたので、不意を突かれました。

しかし、もっと強烈な変化球が飛んできたのはこの後です。面接開始からたった1、2分で、まったく予想外の質問を突きつけられました（後になって聞くと、イエスかノーでは答えられない質問をぶつけてプレッシャーへの耐性を試すという、お決まりのパターンだったそうです）。

「君がタマネギだとして、上から3枚の皮をむくと何が出てくる？」

うーん……そうきましたか。私が想定していた質問と言えば、学業での実績、これまでの経験、これからの目標、自分がこの会社にふさわしいと考える理由です。なぜタマネギの話題が？

幼いころからずっと即興性を求められる場面で練習を重ねてきたにもかかわらず、ここで人並みに闘争・逃走反応に見舞われることになるとは。肩がこわばり、のどはカラカラ、頭はいっぱいになります。平常心を失い、体温が上がります。面接を成功させたいと強く思いながらも、緊張に身体が支配されます。何を言うべきかまったくわからなくなってしまいました。

不安を解消する2本立てのアプローチ

即興性を求められる受け答えに限らず、あらゆるコミュニケーションに共通するポイントとして、**押し寄せる強い不安感への対処方法をまずマスターしなければ、上達は望めま**

せん。

緊張に身体が支配されると、そのことに注意力、気力、任務遂行能力が奪われます。[1] 孤独感と「不安スパイラル」に陥る可能性もあります。自分の欠点を責め、自信を失い、無力感におそわれ、周囲から取り残されたように感じ、不安感がいっそう強まります。[2] この悪循環が極度に達すると、発言が求められる場面で何も話せなくなります。不安を覚えると、受け答え能力が損なわれてしまうのです。[3]

ご安心ください。不安をやわらげるテクニックはあります。どんな場面でも心を落ち着かせて自分の考えを伝えられるようになります。また、聞き手に対する説得力も増します。目標は、不安感の完全な排除ではなく、受け答えへの影響をなくすことにあります。どうしても緊張せずにいられないシチュエーションは必ず存在します。それで良いのです。少しの緊張感ならプラスに作用します。いくつかの研究で、大きすぎるストレスは成功の邪魔をする半面、ある程度のストレスは意欲を高めることが証明されています。[4] ややストレスや不安を感じている程度の時、身体にエネルギーが満ち、意欲がかき立てられ、注意力と集中力が高まり、周りの状況に一段と敏感になります。ネズミを使った実験では、一時的なストレスによって脳の中に新たな神経細胞が生まれ、記憶力が高まる可能性が示唆されています。[5]

私の経験からすると、話すことへの不安を解消するには、2本立てのアプローチが最も有効です。**1つ目の柱は、とっさに生じる不安の症状への対処。2つ目の柱は、不安の根本的な原因への対処です。**この章では症状に焦点を当て、原因については後の章で言及します。

症状を緩和できる簡単なテクニックはいくつかあります。即興性のある受け答えを求められる前や最中に生かせば、余裕と自信が大幅に増し、より効果的に話せるようになります。採用面接などで唐突にタマネギの質問を突きつけられても、もっとうまく受け答えできるようになります。

不安の症状は3つに分類できる

私はここまで、不安を感じている人に起きる症状を描写してきました。話す時の不安感の症状は、「ABC」というシンプルな3つのカテゴリーに分類できます。[6]

いきなり質問を浴びせられると、「**感情面**（Affective）」の症状が出てきます。周囲から注目を浴びてストレスやプレッシャーを感じたり、自分が無力に思えたりします。心細くなり、打ちひしがれ、恐怖感を覚えます。

「**行動面**（Behavioral）」の症状もあります。これは生理的な現象で、汗をかいたり、震えたり、言葉につかえたりします。心拍数が上がり、声が震え、呼吸が浅くなります。早口になり、落ち着きを失い、顔が赤くなり、口の中が渇きます。

最後は「**認知面**（Cognitive）」の症状です。あがって頭の中が真っ白になり、言うべきことを忘れてしまいます。自分に向けられる視線ばかりを気にして、聞き手がどのような様子で、何を求めているかに注意する能力を失います。心の中で「準備不足だ」「失敗しそう」「他の人より劣っている」と自分を責めます。

「緊張」ではなく「興奮」と捉える

まずは感情面の症状から対処法を見ていきましょう。行動の邪魔をするネガティブな感情と向き合う効果的な方法として、マインドフルネスの実践が挙げられます。[7]

不安感を否定したり無視したりせずに認め、不安を感じている自分を責めないようにしましょう。こうした感情を受け止めつつ、それに全人格が支配されるわけではないと自分に言い聞かせます。スタンフォード大学経営大学院でマーケティングを専門とするS・クリスチャン・ウィーラー教授は「そこに自分がいて、その身体の中で不安という感情がうごめいているというぐらいの心理的な距離を持つと、不安を抱え込まずに観察できる[8]」と説明します。

試してみよう
不安などのネガティブな感情を抱いた時、自分自身と感情は別物であることを思い出してください。他人の視点から、その感情を持つあなたを観察するイメージです。

感情はそのまま受け止めましょう。 緊張するのは当たり前で、このシチュエーションならたいていの人が同じように感じるはずだと認識しましょう。「私は今、緊張している」と自分に語りかけてみても構いません。「緊張するのは、とても重要な局面にあるからだ。私の評判がかかっている。それは当然の反応であり、何もおかしくない」と。自分の頭と身体の状態を観察できれば、失いそうになった主体性とセルフコントロールを取り戻すのに役立ちます。

負の感情を自然なこととして受け止めれば、それに飲み込まれずに済みます。精神に少し余裕が生まれ、深呼吸をしたり、与えられた質問への答えに考えを巡らしたりできるようになります。

感情を意識できれば、それに足を引っ張られることがなくなり、むしろ感情を味方につけられるようになります。

話す時に不安を感じる人はよく、何がなんでも平常心を保たなければならないと考えます。アルコール飲料などの摂取や、「聴衆が下着姿だと想像してみる」なんてアドバイスに頼る人もいるでしょう。ところが、これらの方法では思考が鈍り、注意散漫になりがちなため、むしろ有害です。

もっと良い方法として、私が親しくしているアリソン・ウッド・ブルックス准教授が説く通り、**不安を興奮と捉え直す**ことをおすすめします。彼女の行った実験では、人前で話す前に「楽しみで興奮している」と声に出して自分に言い聞かせるとパフォーマンスが向上することが明らかになりました。実際に「楽しみ」という思いが強まり、人前で話す機会を脅威ではなくチャンスと見なせるようにもなりました[9]（この点については次の章で明らかにしていきます）。

身体への影響という意味では、不安も興奮も大して変わらないのです。どちらの感情を抱いても「極めて強い警戒状態」に陥ります。マインドフルネスの実践と同様、不安を興奮と捉え直すことで、自分が主導権を握れるのです。

というのも、不安への生理的な反応自体は変えられませんが、それをどう受け止め、どう認識するかはコントロールできます。自分で何とかできるという感覚がつかめると、話すという経験のあり方が変わり、コミュニケーションの上達につながります。

呼吸する、冷やす、水分補給する

行動面の症状への効果が証明されているテクニックの一つに、**呼吸への集中**があります。ヨガや太極拳の時のように、深く息を吸ってお腹をふくらませてください。腹式呼吸により、気分が落ち着き、心拍数が下がり、口調もゆっくりになるでしょう。

この時、息を吸うのにかける時間と吐くのにかける時間の差に注意してみてください。私のポッドキャスト「Think Fast, Talk Smart」に登場してくれた神経科学者のアンドリュー・ヒューバーマンによると、不安の緩和に効果があるのは息の吐き出しです。肺の中から二酸化炭素を放出すると、神経が安らぐのです。

吐く息を吸う息の2倍の長さにすると良いでしょう。吸う時に3つ数え、吐く時には6つカウントしてみてください。この呼吸方法によって数秒の間に自律神経が整うことが、研究で示されています。[10] 2回、3回と呼吸を繰り返すうちに、心拍数が下がってきます。

話すスピードの低下にも気付くはずです。話すという行為の核は、呼吸とそのコントロールにあります。息継ぎのペースが上がれば、口調も早くなります。ゆっくり息継ぎすると、話し方も自然と落ち着いてきます。

もともと早口な人だと、深呼吸だけでは話す速度が落ちないかもしれません。その場合、**手振り、相づち、上半身の方向転換などの身体の動きをゆっくりにして**みてください。人間は身振りと口調をシンクロさせる傾向にあります。話すペースが速い人は、ジェスチャーもせわしなく、落ち着きがありません。身体の動きをゆるやかにすれば、口の動きも遅くなります。

闘争・逃走反応が起きると、危険を避けて安全な場所へ逃げるための身体の準備として、アドレナリンというホルモンが体内で放出されます。アドレナリンは心拍数の上昇、筋肉の収縮、震えの原因となります。話しながら姿勢の向きを変えたり、若干の手振りを加えたりすれば、動きたいという生理的な欲求を満たし、震えの抑制を助けます。[11]

結婚式でいきなり祝辞を頼まれたら、壇上を端から端までゆっくり移動しながら話してみましょう（テレビドラマで弁護士が裁判官と問答したり、陪審員に話しかけたりする時の動きで見覚えありませんか?）。足早に歩くと聞き手の注意をそらしてしまいますが、決まった方向に少しずつ移動することで、震えを抑えられます。

赤面や発汗にはどのように対処できるでしょうか。いくつも方法はあります。ストレスを感じている時、体内の深部の温度が上昇します。心拍数が上がり、筋肉がこわばり、血管が収縮し、血圧と体温が高くなります。そのため、運動した時と同じように汗をかき、顔が赤くなります。

この反応を止めるには、身体を冷やすことです。手に注意を向けてみましょう。おでこや首筋と同様、手も体温の調整に一役買っています。寒い朝、温かいコーヒーや紅茶を入れたマグカップで手を温めたりしませんか？　それは無意識のうちに体温を調節しているのです。

なりゆきで発言を求められたり、そうなりそうだと感じたりしたら、何か冷たい物を手に取ってみてください。水の入ったボトルやコップで良いです。私も不安な気分になると、必ずこうしています（そうです、私だって不安にならないわけではありません）。とても効果的です。

最後に、話そうとすると口内がカラカラになるという悩みを解決しましょう。緊張すると、唾液の分泌が減ります。唾液腺の働きを活発化するには、**ぬるめのお湯を飲んだり、アメをなめたり、ガムを噛んだり**しましょう。口に物を入れると発声しづらくなるので、話している最中には避けた方が無難です。ただ、発言を求められそうな予感がしたら、事前に唾液の分泌を促しておくことをおすすめします。

態勢を立て直すための台詞と質問を用意する

社内外から20人以上が参加する重要なズーム会議のホスト役を務めると想像してみてください。会議中にネットワークの不具合が生じ、次に15分間話す予定の同僚が画面から落ちてしまいました。チームリーダーとして場を持たせなければと思うものの、身体が闘争・逃走反応に陥ってしまい、ネガティブな思考にとらわれます。「何を言えば良いかわからない。皆から責められて、クビになってしまう」

もっとポジティブな言葉を思い浮かべれば、自分を責める心の声を払いのけられます。プロのゴルフ選手が時折、「落ち着こう」と自分に言い聞かせ、後ろ向きな考え方に支配されないようにするのと同じです。私たちも**決まった台詞を用意しておけば、本来集中すべき目的に立ち返れます。**即興性が求められる場面で使えるフレーズには、次のようなものがあります。

- 「私には貢献できる価値がある」
- 「難しい場面を切り抜けた経験はあるし、私ならできる」
- 「自分がどう思われようと、話す内容には説得力がある」

このような台詞を繰り返していると、心構えが変わり、もうダメだという思考のループから抜け出せます[12]。

頭の中が真っ白になってしまったら、いったん引き返してみましょう。**直前の発言を繰り返す**のです。すると、話の流れを思い出す時間を稼げます。鍵をなくした時の探し方と同じように、一度通った道に戻り、記憶を呼び覚ましましょう。

同じことを繰り返すなんて、聞き手が飽きてしまうから言語道断だと思う人もいるかもしれません。3分間で50回も繰り返すようなら、確かにそうでしょう。ところが一般的に、繰り返しにはプラスの効果があります。重要なポイントを何回か繰り返すと、内容が強調され、記憶を助けます。言い換えることにより、理解度が高まり、頭に残りやすくなるのです。繰り返すことに心配はいりません。ほら、私は今ここで、同じ内容を3回言いました。そんなにくどくないと思いませんか?

状況によっては、**応用範囲の広い質問を使って時間稼ぎする**方法もあります。とっておきの秘密を教えましょう。私は教壇に立っている最中、話すつもりだった内容をど忘れしてしまうことがあります。受け持つ授業が多すぎて、どのクラスで何を教えているか覚えていられないのです。記憶が混乱すると動揺し、情けない姿をさらさないように何か言わなければと考えます。

たいていは、少し間を置いてから、こう語りかけます。

「次へ進む前に、ここまでの話を自分の生活にどう生かせるか考えてみてください」

私は恵まれています。コミュニケーションを教えているため、学生が授業の内容をすぐに日常生活に応用できるからです。しかし皆さんも、こうした瞬間にいったん深呼吸する間《ま》を稼ぎ、進むべき方向を思い出すための質問をとっさに発することができるはずです。

ズーム会議であれば、「この情報をチーム内で共有する方法を考えてみてください」と呼びかけられるかもしれません。会議の進行役を務めているなら、「いったん立ち止まって、ここまでの議論が全体目標の中にどう位置付けられるか考えてみましょう」と促せるかもしれません。

シンプルな質問なら参加者が考えてみる気になり、あなたはつかの間、注目の的から外れて態勢を立て直せます。イベント（ランチミーティング、会議、結婚式など）に出席する予定があり、その場で発言する可能性があるなら、念のため質問を1つ手元に用意しておくと良いでしょう。

試してみよう

いきなり何か話さなければならなくなるシチュエーションが予想される時、頭の中が混乱してしまう事態に備え、聞き手に投げかけられる質問を事前に用意しておきましょう。

頭の中が真っ白になると考えただけで恐怖感にとらわれるなら、ここまで紹介したコツのいくつかをすぐ使えるように準備しておくと安心できるでしょう。

口を開く前に、理詰めで検討してみることもできます。あなたが本当に何も考えられなくなってしまう確率は、一体どれくらいあるでしょうか。たいがい20〜25%というのが順当な答えではないでしょうか。つまり、うまくいく確率は75〜80%あるのです。私ならその賭けに乗ります。

さらに自問してみてください。頭の中が真っ白になったことで起きる最悪の事態とは？「恥をかく」「決まりの悪い思いをする」「目指していた昇進が不可能になる」「誰も自分と話してくれなくなる」といったところでしょうか。望ましくない結果はいくらでも思い描けます。ただ、恐怖感を現実に照らし合わせ、ひどい結末にはおそらくならないと認識しましょう。

聞き手側もそれぞれが不安を抱え、自分が他人に与える印象を気にしているので、**実は大してこちらに注目していない**のです。この現象は心理学で「スポットライト効果」と名付けられています[13]。私たちは皆、話し方によって聞き手に与える悪印象を大げさに考えすぎてしまっている可能性が高いです。

合理的に思考するプロセスは、不安感をやわらげ、何とかできそうだという自信をいくらか与えてくれます。

話そうとする内容に一定の構成を持たせることでも、パニックに陥る可能性は低下します。**話の型を用意しておく**と、地図のように役立ち、一切何も思い出せなくなる事態を回避しやすくなります。発言を前もって十分に準備する時間がなければ、構成もできないと考えるのは間違いです。第5章で説明する通り、その場で話をうまく組み立てることは可能です。

あの、その、ええと

認知面の症状への対処では、何を言おうか考えている時に口をついて出てくる「つなぎ言葉」をどうにかしなければなりません。

つなぎ言葉を一切使うなとは言いません。少しならごく自然で、映画やテレビ、演劇の台本の会話部分にわざわざ書き込まれているほどです。

問題は使いすぎにあります。まるで「言葉の落書き」です。「あの」「ええと」を何度も繰り返すと、話の本筋が見えにくくなります。幸いにも、つなぎ言葉が出てこないようにする方法はあります。ここでもポイントは呼吸です。

まず息を吸ってください。そして吐き出しながら、「うむ」と言ってみてください。できますね？　今度は息を吸う時に「うむ」と言ってみてください。できませんね？　息を吸いながら話すのは不可能に近いのです。発声するには必ず息を吐きます。この事実が、文や語句の間につなぎ言葉が入り込まないようにするカギとなります。

具体的な方法としては、文や語句の切れ目で息が切れるように話します。何度か練習してみてください。難しくはありませんし、長いフレーズを使う必要はありません。**文や語句の終わりでちょうど息を吐き終わるよう**にします。着地をぴたりと決める体操選手のように。

話し方と呼吸のタイミングをこのように合わせれば、文や語句の切れ目で息を吸うことになります。すると、つなぎ言葉をはさむのが難しくなります。

このテクニックは、話の途中に短い間《ま》を入れていく練習にもなります。私たちは与えられた時間中ずっと話し続けなければならないと思い込み、沈黙の間に居心地の悪さを感じがちですが、そう考える必要はありません。ところどころ間を置けば、聞き手が話の流れに追いつき、内容を理解しやすくなります。

試してみよう

フレーズの切れ目と呼吸のタイミングを合わせる練習をするには、いくつかの文をつなげて話してみます。それぞれの文の最後でトーンを下げ、息を吐き終わることで「着地」を決めるようにします。なじみ深い動作の説明であれば、何を言おうか深く考える必要がなく、文の切れ目に集中できます。私のお気に入りは、ピーナッツバターとジャムのサンドイッチの作り方です。「まずパンを2枚用意します」「そして片方にピーナッツバターを塗りますが、多すぎないように」「もう一方にはジャムを塗りますが、これも多すぎないように」「それから2枚のパンを合わせます」「ジャムを塗った面と、ピーナッツバターを塗った面が合わさるようにします」「サンドイッチを半分に切って、出来上がりです」

線を引いた部分で文を締めくくり、息を吐き終わるようにしましょう。

さらに練習を積むには、「Poised.com」「Orai」「LikeSo」といったスピーチ評価アプリの力を借りながら、つなぎ言葉の使い方を見直してみても良いかもしれません。

ここまで話してきた不安をやわらげるための方法を、次の表にまとめます。

不安の症状ABCへの対処方法

テクニック	説明	コメント
マインドフルネスを実践する	感情をそのまま受け止める。	感情は当然の反応であり、何もおかしくない。
深呼吸する	息を大きく吸ってお腹の底をふくらませ、意識的に吐き出す。	ヨガの時のような深呼吸で不安をやわらげる。吐く息の長さを吸う息の長さの2倍にする。
動作のスピードを落とす	身振り手振りをゆっくりにする。	口調と身振りはシンクロしがち。動きをスローダウンすれば、話し方も落ち着く。
身体を冷やす	水の入ったボトルなどの冷たい物を手に持つ。	体温を下げることで、赤面や発汗を抑制する。
唾液の分泌を促す	ガムやアメを口に含む。	噛んだりなめたりして、唾液腺を刺激する。
ポジティブな言葉をかける	前向きな台詞を頭の中で思い浮かべる。	批判的な心の声を払いのけ、前向きな思考を促す。
引き返し、質問する	話を繰り返し、質問を投げかける。	繰り返しが多すぎるのはNGだが、記憶をたどる間、直前の発言を繰り返したり、聞き手に問いかけたりする。
理性的になる	「最悪の事態」を考えてみる(考え方のヒント:最悪のケースでも大してひどいことにはならない)。	人間は他人より自分のことが気になるもの。合理的な視点を忘れないように。
つなぎ言葉を吸い込む	文や語句の切れ目で息を吐き終える。	「あの」「ええと」などのつなぎ言葉がなくなることに気付く。

試してみよう

とっさに発言を求められても不安に飲み込まれないための小道具セットを、自分なりに用意してみましょう。例えば「冷たい水の入ったボトル」「アメ」「前向きな言葉のメモ」などが入るかもしれません。この章で学んだことを踏まえて、他にも独自に加えたい物はありませんか？　そのセットを、いつも携帯する物と一緒に入れておけば、突然話さなければならなくなった時にすぐ活用できます。

いざという時のために

不安の症状にうまく対処するには、必要なテクニックをしっかりと身につけておく必要があります。私が紹介した方法を思い浮かべてみてください。どれが一番おもしろそうで、無理がなく、役に立ちそうですか？　すでに試したことがある方法はありませんか？　他の場面（例えばスポーツ競技や恋愛経験）で培った不安解消テクニックを、話す時にも応用できませんか？

不安対策プランの例

「SSKK」

S 集中 ―――― 目の前の出来事に意識を集中し、先のことを心配しない
S スピード ―――― 身振り手振りのスピードを落とし、話す速度をゆるめる
K 呼吸 ―――― 息を吸った時の2倍の長さで吐くようにする
K 言葉 ―――― 心を落ち着ける言葉を自分に言い聞かせる

「H2O」

H 冷やす ―――― 手に冷たい物を持って体温を下げる
H 開き直る ―――― 「失敗しても世界が終わるわけではない」という理屈で考える
O 落ち着く ―――― 不安は誰にでもあり、自然なことだと認識する

テクニックのおさらいが終わったら、気に入ったものを集めて**独自の「不安対策プラン」**をまとめます。このプランは、あなたの主体性と集中力に働きかけ、話すという行為をサポートします。自分が一番悩まされる症状に効きそうなテクニックをいくつか（3～5つ）選んでください（不安の根本的な原因に作用するテクニックを含めても良いかもしれません。詳しくは後の章で説明します）。そして覚えやすいように頭文字を並べます。例えば表の通りです。

私は学生にもクライアントにも、不安対策プランの作成を促します。すると、いつも感謝され、何年もたってから「まだ使っていますよ」と報告してくれる人もいます。こうした声によって証明される通り、適切な対策を立てて実行すれば、注目度が高く、即興性が

求められるシチュエーションでも自信を持って話せるのです。小さな変化が時間の経過に伴って積み上がり、大きな差になります。

私がコンサルティングを提供しているステファニーは、20代の時に家業のCEOに就任しました。CEOらしく、さまざまなバックグラウンドを持つ75人の社員をまとめ、率いていかなければなりません。

ちょうどコロナ禍で事業が苦しくなり、企業トップとしての任務が困難を極める時期でした。何十歳も年上の社員が不安に駆られ、彼女にリーダーシップを求めます。経営を安定させるために難しい決断を下したところ、社員から質問攻めにされました。

ステファニーは日々のコミュニケーションに多大なストレスを感じました。英語のネイティブスピーカーではなかったことも一因です。彼女は人目をかなり気にするようになります。言葉につかえ、硬い表情を決して崩さない様子からは、自意識過剰になり、不安を感じていることが読み取れました。睡眠や日常的な業務遂行にも問題を抱えるほどになり、彼女は辞任を考えます。

そんなステファニーのために、不安対策プランを用意し、先行きのことばかり案じて悩んでしまう状況を変えました。やがて彼女自身がプランの内容を深めたり、調整したりすることで、目指す方向へと進めるようになりました。2022年春に訪問した時、そのプランは「H（ハート）・S（スピーチ）・M（マインド）」に集約されていました。

ハートとは、話す時の心構えです。ステファニーは、聞き手のために話すという意識を持ち、自分ではなく聞き手のニーズに集中すると、不安な気持ちがやわらぐと言います。

スピーチは、口頭でメッセージを届けるためのテクニックを指します。緊張すると早口になり、言い間違えるクセがあるため、身振り手振りをゆっくりにし、聞き手に質問を投げかけながら、一息つくよう心がけるそうです。

マインドは、頭の中が真っ白になる確率はそれほど高くないと思い出すための合言葉です。

ステファニーは不安感に対処する訓練を今も続けていますが、不安対策プランを使った継続的な努力と、この章でも紹介したテクニックの数々により、感情のコントロールが上達しました。リーダーシップの取り方もうまくなり、仕事を楽しんでいます。そのうえ、他の人にもコミュニケーションに自信を持てるようになってほしいと、コーチングを提供するようになりました。

不安対策プランは応急措置ではなく、それぞれのテクニックを仮説に見立てて実験を繰り返していく継続的な取り組みです。いったんプランを立てたら、実生活で試してみましょう。仕事の会議や夕食会に行く前、プランをもとに予行演習してみます。現場でテクニックを実践し、もし効果がなかったら別の方法に代えましょう（頭文字の覚え方の変更も忘れないように）。

話すという行為を巡る不安に、手軽な即効薬は存在しません。私たちにできるのは、コミュニケーションの目的達成を邪魔されないよう、感情のコントロール方法を少しずつ身につけていくことだけです。

ありのままの自分に出会う

とっさに考える必要に迫られても焦らない心持ちは、スピーチやプレゼンに際しても重要ですが、自然発生的なコミュニケーションでとりわけ大きな意味を持ちます。

次の章で引き続き見ていくように、**不安感を手なずけられれば、もっと自然に、そして自分らしく振る舞えます。度胸が据わり、機転が利くようになり、冗談を言う余裕が生まれ、リラックスできるでしょう。聞き手のニーズを察知して合わせられるようになります。コミュニケーションに喜びを見出せます。話の説得力も高まるはずです。**

「君がタマネギだとして、上から3枚の皮をむくと何が出てくる?」と面接で不意に聞かれた時、深呼吸し、「私には貢献できる価値がある」と心の中で唱えると、アドリブで応じる精神的余裕を取り戻せました。タマネギをむくと必ず泣くという話から自分の涙もろさに触れ、情熱と感情を分かち合える職場での素晴らしいチームワーク経験を語れたことは、私が採用を勝ち取るうえでプラスに働いたに違いありません。

実践してみよう

1. 自分で作成した不安対策プランを、いきなり発言を求められた時に使ってみます。どのような結果になり、どの部分で効果を得られ、どの部分でうまくいきませんでしたか？　次に改善すべき点はどこですか？

2. ポジティブかネガティブかを問わず、何らかの強い感情におそわれた時、そのまま受け止めようとしてください。どう感じますか？　その感情の原因を探ってみましょう。置かれている状況からして自然な反応ではありませんか？　誰か他の人が同じ感情を持っているとしたら、それで当然だと納得できるように説明できませんか？

3. 毎日5分間の深呼吸を、1週間にわたって習慣付けてみましょう。静かな場所で呼吸に集中し、息を吐く時の長さを、吸う時の2倍にします。5分間を終えた時点での感覚を覚えておくようにします。

第2章 自己を解き放つ――目指すは平均点

いきなり発言を求められる場面では、そこそこの受け答えができれば上出来です。

不安というのはとても重いテーマですから、ちょっと肩の力を抜いて、ゲームをしてみましょう。「正しく呼んじゃダメよ」ゲーム[1]なんて、聞いたことありませんか？　では説明しましょう。

「即興スピーキング」の授業を一緒に受け持つアダム・トービンから教えてもらって以来、このゲームは私のお気に入りです。ルールは簡単。あなたが今、机の前に座っていたり、居心地の良いソファに身を埋めていたりするなら、立ち上がり、部屋の中を歩いてください。どこへ向かっても構いませんが、ときどき進行方向を変えましょう。このゲームは屋外で新鮮な空気を吸いながらでもできます。

歩き回っている間、視界に入った物を指で差し、正しくない名前で呼びます。鉢植えがあった場合、「馬」「ピンク」「チーズバーガー」など、どう呼んでも構いませんが、「鉢植え」と正しく呼ぶとアウトです。１つできたら、次を見つけ、何でも良いから間違った名称で呼びましょう。鉢植えにもう使ってしまった単語でも構いません。

指差しのスピードをできるだけ速くし、頭に浮かんだ正しくない名前を口に出します。これを例えば15～20秒間続けてみてください。

うまくできましたか？　間違った呼び方をすぐに思いつきましたか？　単純なゲームなのに、難しく感じる人がたくさんいます。

このゲームに挑戦する教え子の多くは、ゆっくりと慎重に歩き、室内にある物を指差しますが、言葉が出てきません。因数分解の問題を解こうとでもしているような表情になります。誰とも目を合わせようとしません。ゲームが終わると、とても難しかったという感想を漏らします。

「自分がバカみたいに思えた」

「全然うまくできない」

「こんなに情けない思いをさせるなんて意地悪だ」と言われたこともあります。

心理学で証明されている通り、**私たちの頭脳が処理を得意とするのは、想定内のパター**

ンに沿った刺激であり、想定外の刺激ではありません。

例えば、紙に書かれた色の名前（紫、青、オレンジ）を読む課題が与えられる場合、同じ色の文字で書かれていれば簡単です。ところがオレンジ色の文字で「紫」と書かれ、文字の色を答えなさいと言われると、頭が混乱します。すぐには答えられないはずです。[2] この「ストループ検査」という有名な実験で示された現象が、「正しく呼んじゃダメよ」ゲームでも起こります。

断っておきますが、正しくない名称で呼ばせるのは、私が意地悪だからではありません。わざと間違ってみることで、自然発生的なコミュニケーションの成功に不可欠な「平均点を目指す」スキルが学べるのです。

「平均点」にあまり良い印象がないのは、仕方のないことでしょう。ぱっとしない存在をあえて目指す人はいません。ところが、即興性のあるコミュニケーションを求められる時には、その意識が必要になります。矛盾するようですが、**そこそこで良いと考えられるようになるほど、話し手としての能力が上がり、説得力も強まる**のです。

私たちは普段、与えられた課題の「正解」を探そうとします。しかし、とっさのコミュニケーションに「正解」も「模範解答」もありません。「どちらかと言えば好ましい」受け答えと「どちらかと言えば好ましくない」受け答えがあるばかりです。

「正解」を求める姿勢そのものが邪魔になります。正解を探そうと頭がいっぱいになり、聞き手に合わせた話し方も、自分らしい話し方もできなくなります。

その時々で最善を尽くすには、完璧なパフォーマンスを目指さず、間違えても大丈夫だと受け止められるようになる必要があります。目指すべきは平均点です。

この章を読めば、不完全なパフォーマンスでも良しとする意識こそが、自然発生的なコミュニケーションの秘訣だとわかってもらえるでしょう。まずは、「優秀でありたい」という欲求が仇となる原因を探っていきます。

近道が最適とは限らない

いきなり受け答えを求められた時に「正解」を探そうとすると、頭の中で2つの反応が起こります。その1つ目の反応を明らかにするため、「正しく呼んじゃダメよ」ゲームを思い出し、ぜひもう一度やってみてください。何かを指差し、正しい名称以外で頭に浮かぶ言葉を何か言うという試みを、15〜20秒間続けてみます。

終わりましたか？　では今度は、口から出た言葉を考えてみてください。思いついた言葉をランダムに口に出すルールとはいえ、意識的あるいは無意識的に、頭の中で何かしらの戦略を使いませんでしたか？　一定のパターンがありませんでしたか？

学生たちを見ると、特定のカテゴリーを決めて言葉を探すケースが多いです。次々と対象を指差しながら、果物、動物、色などの種類を挙げていきます。他の学生が使った言葉を借用したり、1つ前の対象物の名前を当てはめたりするケースもあります。次のいくつかの対象物に使えるように、複数の言葉をまとめて考えておく人もいます。

トービンがこのゲームの解説で指摘する通り、戦略を立てるのは自然なことで、困難な状況を乗り切ろうとする脳の反応の一部です。この現象は心理学の「認知負荷理論」[3]によって説明されます。

目の前の課題に割けるワーキングメモリ（作業記憶）の容量には限界があるのです。テクノロジーに囲まれた現代の生活では珍しくありませんが、大量の情報が脳内へ一気に押し寄せると、ワーキングメモリに過剰な負荷がかかり、受け止めきれなくなります。

こうした事態を避けるため、私たちの頭脳は策を講じます。問題の解決や課題の達成に向け、「ヒューリスティック」と呼ばれる「思考の近道」をすばやく導き出します。このヒューリスティックは、正解にたどり着き、完璧を目指そうとする時に重要な役目を果たします。[4]

突然何か言う必要に迫られると、私たちはヒューリスティックに頼りがちです。

顧客から苦情を申し入れられた店員なら、「申し訳ありません。説明書通りに組み立ててはいただけましたか」という言葉がほぼ無意識に口をついて出ます。

誰かが亡くなったと聞いたら、「お悔やみ申し上げます」という決まり文句で返します。

親戚から悪い知らせを打ち明けられたら「きっと大丈夫だよ」、友人から職場での人間関係の悩みを相談されたら「そういうものだから仕方ないよ」。条件反射的にそう答えます。

複雑な状況に置かれても認知の負荷を軽くし、効率的に判断を下すうえで、ヒューリスティックは欠かせません。課題に直面した時、考えることもなく、とにかくこなすことができるからです。

ヒューリスティックの働きがなければ、ありとあらゆる場面でまごつくでしょう。スーパーで買い物一つするにも大変です。スパゲッティのソースを選ぶのに、あらゆるブランド、あらゆる種類の長所と短所を比べなければなりません。ところが実際には、「オーガニックだけど値段が高すぎないもの」といったシンプルな基準に従って選択します。

「脳の効率化」の落とし穴

しかし、このような効率化には主に2つの代償が伴います。

まず1つに、ヒューリスティックは私たちの自発性を妨げ、その場で起きていることへの注意力を損ないます。

ある有名な実験で、心理学者のエレン・ランガーは、コピー機の順番待ちの列に割り込もうとする人への反応を調べました。割り込もうとする人のパターンは複数用意され、割り込みたい理由を説明する場合もあれば、しない場合もありました。

その結果、理由を説明する場合の方が、順番を譲ってもらえる確率が高いと判明しました。どちらかと言えば説得力のある説明（「急いでいるので」）でも、あまり説得力のない説明（「コピーを取らなければならないので、コピー機を使わせていただけませんか？」）でも、「because～（～なので）」という単語を使って理由らしきものさえ付け加えれば、順番を譲ってもらいやすくなりました。

順番待ちをしている人は「because」と聞いただけでヒューリスティックを発動し、「何か理由があるのだから順番を譲ってあげなければ」と結論付けてしまうようです。たった1つの単語のせいで、その場に意識を集中させたり、耳を澄ましたりすることなく、不注意な行動を取ってしまいます。[5]

対人関係でヒューリスティックを使うと、微妙なニュアンスの違いを見逃してしまい、聞き手のニーズをくみ取れなくなります。

例えば、あなたのところに同僚が突然やってきて、「さっきまで一緒に参加していた会議のフィードバックを聞きたい」と言ったとしましょう。あなたは「フィードバックが聞きたい」という部分にヒューリスティックで反応し、今後生かすべき反省点などを語り始めるかもしれません。

しかし同僚が本当に求めていたのは、会議で本人が発揮したリーダーシップ能力に対する称賛や、単なる温かい励ましだった可能性があります。「会議の感想を言わなくてはならない」という考えだけにとらわれると、有意義な交流のチャンスを逃してしまいます。**なりゆきでのコミュニケーションに効果的に応じるには、決まりきった行動パターンからの脱却が必要**です。対応を焦らずに、ヒューリスティックの発動をいったん止め、置かれている状況をよく観察しましょう。

質問を投げかけ、相手にさらなる説明を求めることもできます。フィードバックを求めてきた同僚に対してなら、「あなたが聞きたいのは、会議の内容に対するフィードバックですか、それとも全体的な印象ですか?」と尋ねてみても良いでしょう。自分の意見を述べる前に、同僚自身がどのような感想を持ったか聞いてみる対応も考えられます。こうした問いかけによって、より効果的に受け答えするためのヒントを得られます。

コミュニケーションで冒険する

ヒューリスティックの2つ目の問題は、独創性に歯止めがかかることです。私たちの脳は一定のルールに従って機能しているため、たいがいの受け答えは想定の範囲内にとどまり、どこかで聞いたようなものや、ありがちな論理に沿ったものになります。独創的で目新しい返答を、即座にはなかなか思いつけません。

私の職場仲間のティナ・シーリグが以前、スタンフォード大学でデザイン思考を学ぶ学生に授業を行った時の様子が、その典型的な例です。[6]

彼女は学生をいくつかのチームに分け、互いにビジネスアイデアを競わせることにしました。制限時間は2時間で、各チームに5ドルの開業資金が与えられます。この条件の下、できるだけ多くのお金を稼がなければなりません（もちろん違法行為は禁止です）。最後に各チームが3分間ずつで成果を報告し合い、最も大金を稼げたチームが優勝となります。

大半のアイデアは、興味深くはあっても、意外性にいまいち欠けていました。

人気のレストランを予約し、お腹をすかせた駆け込み客に販売したチームは、それなりの金額を達成できました（ネット予約が普及する前の話です）。

キャンパス内に設置したスタンドで自転車のタイヤの空気圧を測り、空気入れサービスを提供したチームは、100ドルを手にしました。最初は空気入れを有料としていましたが、無料にして寄付を募る方がより多くの金額が集まると気付いたそうです。

一つだけ、まったく違うところに目を付けたチームがありました。何かしらのサービスを提供する能力ではなく、優秀な人材を採用したい企業と学生をつなげられる立場に、自分たちの市場価値を見出したのです。このチームは成果報告のために与えられた3分間のプレゼン時間を、あるデザイン会社に会社説明会枠として650ドルで販売し、一番大きなもうけを実現しました。

優勝チーム以外は、「金もうけをするなら、顧客の欲しがるサービスを考え出すべき」というヒューリスティックに従ったのです。ところが、それによって思考もアイデアも狭められてしまいました。

優勝チームはヒューリスティックに頼らなかった結果、「自分たちが持つリソースのどれに最も価値があり、どうすればそれを最良の方法で市場に出せるか」という異なる問いを立てることに成功しました。

ヒューリスティックに頼れば、とっさに発言を求められても即答できるかもしれませんが、個性あふれる受け答えで聞き手の意表を突いたり、心をつかんだりできる可能性は下がります。いつも通りの脳の使い方をやめ、冒険してみることでしか、印象深いコミュニケーションは生まれません。

ヒューリスティックを克服せよ

コミュニケーション能力を高めるために、日々の生活からヒューリスティックを一掃する必要はありません。大事なのは、正解への近道を常に探そうとする脳の働きを認識しつつ、より柔軟な対応が求められる場面ではその機能を無視したり、止めたりできるようになることです。

いつも条件反射的な受け答えで切り抜けるのではなく、コミュニケーション方法を意図的に選択できるようになりましょう。

そこを目指す方法の一つとして、ヒューリスティックを使うことが多いシチュエーションを意識してみます。人は何かしらのストレス要因を与えられると、ヒューリスティックに頼りがちになります。選択肢の多さに圧倒される、疲労感や空腹感を抱える、時間が足りなくなる、先の見通しを失う——。

ヒューリスティックによる反応を避けるには、まずストレスに飲み込まれないようにします。ストレスを感じたら、頭と身体で起きていることに注意し、ゆったりとした動作や、合理的な思考を心がけます（第1章を参照してください）。不安をやわらげれば、もっとオープンで細やかな対応が可能になります。

「**人の振り見て我が振り直せ**」のやり方も有効です。例えば子どもがいる人なら、よその保護者が息子や娘のわがままに声を荒らげている場面を見たことがあるでしょう。私たちは動きをスローダウンし、声を落ち着け、要求に耳を傾けるといった対応へと意識的に切り替えられるはずです。

自分の行動を振り返ってみる時間を設けても良いでしょう。チームを率いる立場にあり、問題が起きた時のコミュニケーション能力を高めたいなら、実際の対応がどうだったかを一日の終わりに見直す習慣をつけます。パターン化した反応に陥っていませんか？　パターン化した反応が引き起こされる原因はどこにありますか？　その反応は効果的ですか？　どうすればヒューリスティックに頼らずに対応できますか？

ヒューリスティックを避ける方法として最後に紹介したいのは、**思考や行動の思いきった変化**です。右利きのスポーツ選手は時に左手を使ったり、通常より重いボールでプレーしてみたりします。すると、身体にしみついたはずの動作ができず、一から習得し直さなければいけません。

思考のマンネリ化を防ぐため、執筆する場所を変えながら本を書き上げるという作家もいます。普段使っている書斎を離れ、病院の待合室、ホテルのロビー、空港、葬儀場、空席の多い映画館、裁判所の傍聴席などで執筆するそうです。場所を変えると古い思考パターンから脱却でき、新しいアイデアが湧いてくると言います。

創造性が必要な職業に就く人々は、やはりヒューリスティックに陥らないための取り組みを実践しています。

デザイン会社ＩＤＥＯでは、新しいアイデアを探る際、関係が一見ないように思えても、条件や原則が類似している状況に目を向けます。救急処置室の効率化を目的とした設計変更を依頼された場合、一般的なやり方としては、他の優れた救急処置室の設計を分析してアイデアを学ぶでしょう。ただ、それでは既成概念にとらわれてしまいます。

そこでIDEOは、救急処置室以外で緊急対応が求められる状況に着目しました。[7] その一つに、自動車レース「フォーミュラ1（F1）」のピット作業があります。ピットクルーは救急医療チームと同様、多大なプレッシャーにさらされながら迅速かつ効率的に診断を下し、処置しなければなりません。

ヒューリスティックによる設計を避け、ピットから学んだことにより、既存の救急処置室にはないアイデアが得られました。

その一例として、ピットクルーはレース中に起こりやすいトラブルをあらかじめ把握し、それぞれの対応に必要なパーツやツールをまとめておきます。こうすることで、道具を探し回る時間が省け、即座に修理に取りかかれます。

IDEOは救急処置室にも同じような対応セットを用意することで、薬物の過剰摂取や心臓発作など、患者数の多い症例にいち早く取りかかれるようにしました。その結果、救急処置の効率が上がり、ヒューリスティックから離れる効果を裏付けました。

正解への近道をあえて避けてみることは、誰にとってもプラスになります。より良い受け答えを考える余地が生まれ、創造性を発揮できる可能性が高まります。

試してみよう

7日間の「ヒューリスティック克服チャレンジ」に挑んでみてください。まず、コミュニケーションの中で自分が多用しているヒューリスティックを探します。いつも「お元気ですか」でメールを書き始めたり、問いかけに必ず「良い質問ですね」と返したりしていませんか？　ヒューリスティックから離れるための方法を一日に一つずつ考えて実践してください。ストレスが多い日なら、不安への対処法を試してみると良いでしょう。自分の言動を毎日2〜3分間で振り返ることも役立ちます。思考のマンネリ化から抜け出し、新しい発想を取り入れるための行動を盛り込んでも構いません。

「正しく」間違える方法？

「正しい」受け答えを目指すことで逆に私たちのパフォーマンスを阻害する脳の働きは、ヒューリスティックだけではありません。

もう一度、「正しく呼んじゃダメよ」ゲームに立ち返ってみます。ゲームを終えた学生に感想を聞くと、「失敗した」「独創性を発揮できなかった」「誰々より下手だった」など、自分に厳しい発言がよく返ってきます。

一番驚くのは、「満足に間違えられなかった」というコメントです。さらに詳しい説明を求めると、こう続きます。「イスをネコと呼ぼうとしたけど、どちらも四つ足で、ネコはイスの上に座る。こんな間違え方では不十分だ。『タコス』とか『ガラパゴス』とか、イスとの関連がもっと薄いものを口に出すべきだった」

この反応について考えてみましょう。ゲームのルールは、間違った名前で呼ぶという単純なものです。間違いの定義はなく、どのような間違え方が好ましいかの基準もありません。出来を他人と競争したり、比べたりしないためです。それにもかかわらず、学生は「正しく」間違おうとします。

反省が役立つ場面は世の中にたくさんあり、ベストを尽くそうという姿勢は生きていくうえで大事です。自分の言動を省みられない人は、仕事を解雇されたり、人間関係で失敗したりするでしょう。

しかし、自己批判によってパフォーマンスの成功確率をむしろ下げてしまう場合があります。即興性が求められるシチュエーションが特にそうです。自分を責める思考によって認知に負荷がかかると、その瞬間に集中して創造性を発揮し、自信を持って受け答えする能力を発揮できなくなります。言葉が一切出てこなくなってしまう可能性だってあります。

ある学生は「正しく呼んじゃダメよ」ゲームの最中、ずっと同じ物を指差していました。何か言ってみようとするものの、何も口から出てきません。どうしたのかと思って尋ねると、「正しく間違った名前」が見つからないと言います。思い浮かぶ言葉を一つひとつ、頭の中で勝手に作り上げた評価軸に照らし合わせ、どの言葉も自分なりの基準に満たないと判断してしまうのです。

時に完璧主義の域に入るほど自分に厳しくなってしまう理由は理解できます。

私たちの多くがパフォーマンス重視の文化で育ってきました。親からも、教師からも、メンターからも、上司からも、コーチからも、正しい方法が必ずあり、正しいやり方こそが好ましいという思考をたたき込まれます。

人生を歩む中ではずっと、課題を正しくこなすことを通じて、称賛、トロフィー、報酬、肩書きといった見返りを得ます。失敗すれば、辛らつなフィードバックや低評価を与えられるほか、見下されているように感じるという形で罰を受けます。間違えれば罪悪感を覚え、正しくできれば気分が上がります。

常に自分のパフォーマンスが気になり、しばしば必要以上に批判的になるのも無理はありません。

自分をすぐに責めてしまうのは、そうすると無力感から逃れて落ち着けるためでもあります。予測不可能な状況に置かれると、弱気になり、心細く感じるものです。完璧なパフォーマンスにこだわろうとすれば、自分でどうにかできるという感覚が生まれます。

私の場合、大事な会議の前に、自分が何を言うつもりかしつこいほど確認するクセがあります。これはきっと、目の前の運命に対して非力だと認めたくない気持ちの表れでしょう。

完璧主義にストップをかけるには、目標を達成できるだけの能力が自分に備わっていると信じられなければなりません。この信念をぜひ身につけてほしいのです。大きな成果が得られることを約束します。

学生に、自己批判をやめるよう促したうえで、「正しく呼んじゃダメよ」ゲームを再度行ってもらいます。すると、まったく違ったゲームになり、笑顔があふれます。テンポ良く歩き回り、次から次へと指を差していきます。口から出る言葉に困らなくなり、ゲームを楽しめるようになります。

パフォーマンスを気にせず、ただその瞬間を生きる。あまりやってみたことはないかもしれませんが、ぜひ試してみるべきです。

ありきたりであれ

どうすれば、自分に厳しくならずに済むでしょうか。

「必要を満たせば十分」というシンプルな考え方が、意外にも大きな効果を発揮します。それ以上でも、それ以下でもなく、**ただ情報を聞き手に伝達するという行為に集中**します。

これは、即興性が求められる行為すべてにおいて核となる心構えです。優れた即興パフォーマーは、完璧主義に陥りそうな時、「そこそこできれば上出来」と自分に言い聞かせます。「ありきたりであれ」と。[8] ありきたりで良いと考えることにより、認知能力をフルに活用でき、ありきたりでないコミュニケーションを達成できる確率がむしろ上がると知っているのです。

即興演劇の専門家としてスタンフォード大学の教壇に立つダン・クラインは「『当たり前のことをやれ』こそが最も強力で、クリエーティブな合言葉だ」と教えてくれました。「個性的であろうとすると、個性的でありたいと願うその他大勢と同じようなことしか言えない。しかし、当たり前のことをするというのは、自分自身でいること。それが本当の自分らしさだ[9]」

即興コメディ劇場「セカンドシティ」で20年近く経営パートナーを務めた後、即興メソッドをメンタルヘルスの向上に生かすアカデミー「マインドレス・インク」の運営に携わるスティーブ・ジョンストンは、**誰でも話す時、何か素晴らしいことを言わなければならないと気負いがち**だと指摘します。

重厚さや崇高さを感じ、うっとりするような発言は、大聖堂にたとえられます。しかし、大聖堂を建築するために、れんがを一つひとつ積み上げていく作業を忘れてはなりません。私たちは、返事を待ったり、耳を傾けたり、さまざまな意見の間の関連性を見出したりすることで、れんがを積み上げていきます。

独創的な発言やひらめきが常に求められるわけではありません。会話の進行に貢献し、ばらばらだった部分同士をつなぐだけで、十分以上の価値を発揮します。自分だけが大聖堂になろうとするのではなく、れんがとして何ができるかを考えましょう。

「優秀であろうとしない努力」なんて、初めて聞くと違和感があり、腰がちょっと引けてしまうかもしれません。スタンフォード大学で学生たちに「ありきたりであれ」と説くと、皆が私の方を向いて息をのみます。生まれてこの方、そんなことを言われた経験がないのです。

ところが、とっさの受け答えの上達を目指すなら、自己批判をやめ、こだわりを少々手放さなければなりません。賢さ、意欲、勤勉さをすでに兼ね備えた学生にとっては、完璧さの追求という無駄な試みに使われていた認知能力を解放し、目の前に意識を集中できるようにすることが、コミュニケーションの上達に向けた次のステップになります。

忘れないでください。コミュニケーションの方法に「正解」も「間違い」もありません。「どちらかと言えば好ましい」あるいは「どちらかと言えば好ましくない」受け答えがあるばかりです。パーフェクトに成し遂げるという姿勢から、とにかくこなすという姿勢への変化で、自分の感じるプレッシャーが軽くなります。

試してみよう

1分間のうちに、とっさのコミュニケーションがうまくいった経験を1つか2つ思い返してみてください。成果の自己評価にあまり気を取られることなく、必要なやり取りをこなせた経験のことです。その後、どのように感じましたか？ 自分にもできるという意識をあらためて持ち、「ありきたりであれ」の心構えに自信を持ちましょう。

失敗は試行錯誤のたまもの

出来にこだわる必要がないと思えるようになると、間違えてはならないというプレッシャーから自己を解放できます。

失敗を、成功の反対ではなく、成功の手段と捉えれば、恐怖の対象ではなくなります。スタンフォード大学でマーケティングを専門とするS・クリスチャン・ウィーラー教授は、私のポッドキャストで次のように語っています。

ミスや失敗は学習プロセスにおいて当然かつ不可欠な要素です。乳幼児は間違いなんてへっちゃら。歩く、スプーンで食べる、靴を履くといったごく簡単な動作で失敗します。大人になると、失敗から距離を置くようになり、そのせいで学習と成長が阻害されるのです。

ウィーラーは「失敗を素晴らしいことだと認識すべきだ」と説き、「失敗のおかげで、置かれている状況が能力の限界を超えており、もっと良く対応するために獲得すべきスキルがあることに気付ける」と教えてくれました[10]。

意識的に失敗を前向きに受け止め、自責の念を弱める練習をしましょう。小さなミスをいちいち気にしたり、恐れたりすると、気力がすり減ります。

間違えた時は、映画のワンシーンの「撮り直し」と同じように考えてみましょう。

映画撮影では何テイクもの撮り直しを通じ、カメラを引かずに大写しにしたり、俳優を座らせる代わりに立たせたり、台詞の言い方を変えてみたりと、さまざまな試行錯誤が行われます。どこかにあらかじめ正解があるからではなく、監督も撮影スタッフも選択肢を広げ、あらゆる可能性を見逃すまいと思っているからです。バリエーションを重視し、撮り直しによっていっそうクリエーティブな独自表現を追求していきます。

私たちは受け答えを求められた時、いくつかのアプローチ方法を試す機会だと考えることができるでしょう（詳しくは次の章で説明します）。

余計なプレッシャーを取り除けば、その時々のやり取りが「テイク」の一つにすぎず、より良いコミュニケーション方法の模索に役立つと思えます。そこでの失敗から、努力の方向性を絞り込めます。自分の価値を下げるどころか、今後のための糧になり、コミュニケーションの上達への道が開けます。

職場では、皆の前で失敗を称え、教訓を学ぶ仕組みを作るという方法が考えられます。私が以前勤めていたソフトウェア会社では、「フェイルヤー・フライデーズ（失敗の金曜日）」というイベントが行われていました。毎週金曜は無料で昼食が振る舞われ、社員同士が自分の犯した失敗を発表し合い、リーダーが「最も優れた」失敗を選んで賞を与えます。リスクテイクを促し、失敗から学ぶ環境を醸成するためでした。だからこそ、他の誰かが過去に経験済みの失敗は、賞に選ばれない決まりでした。教訓さえ学び取れれば、失敗は大きな価値を持ちます。

試してみよう

週次報告やオンラインミーティングなど、定期的にあるコミュニケーション場面を思い浮かべ、その都度異なるバージョンでテイクを重ねると想像してみてください。感情の込め方や口調を変えたり、言い切らずに質問の形にしたり、発言の順番を譲ったり、ユーモアを交えたり、身体の向きに変化をつけたりできるでしょう。

会話は一人舞台ではない

意識的かどうかにかかわらず、私たちはとっさの受け答えを、あらたまった場でのスピーチと同じような「パフォーマンス」と捉えることがあります。初対面の人との雑談でも、いつもより多いメンバーとのやり取りでも、観客の前でステージに立たされているような気分になります。

聞き手がたった1人や2人でもプレッシャーにおそわれます。自分の一挙一動に厳しい視線が注がれ、何らかの基準や期待値に照らし合わせて評価されると思い込みます。こうした先入観から緊張が劇的に高まり、聞き手を喜ばせたい一心によって、自分のパフォーマンス評価に気を取られてしまいます。

一般的にパフォーマンスと言えば、楽器の演奏、ソフトボールの試合、舞台での演劇などが思い浮かぶでしょう。これらの状況では、皆の視線があなたに注がれます。正解の振る舞いと、そうでない振る舞いが存在します。音を間違えたり、内野フライを落としたり、台詞を忘れたりすれば、ミスが誰の目にも明らかです。プレーヤーのエラー記録を残すスポーツもあります。

なりゆきでのコミュニケーションを、パフォーマンスではなく、会話として受け止めれば、肩の力が抜けるでしょう。

会話はパフォーマンスのように格式張らず、身近なものです。普段の会話でリハーサルを必要としたり、間違いを気にしたりすることはありません。会話でも気まずくなったり、値踏みされているように感じたりすることはありますが、パフォーマンスの時ほど強烈な感覚にはおそわれません。気負わず、ありのままの自分でいられます。

コミュニケーションを会話と捉え直すためのステップを3つ紹介しましょう。

1つ目に、言葉遣いを変えてみます。一人で舞台に立っているとは思わないまでも、自分にスポットライトが当たったという感覚に陥ると、よそよそしく、堅苦しく、身構えた言葉遣いになりがちです。心細く感じ、何とか威厳を保ちたいと思うからです。

あなたが医師で、目の前にはたくさんの医師仲間がいるとしましょう。

「この問題を医師の力で解決しなければなりません」と言う場合、話し手と聞き手の間に距離ができてしまいます。

「私たちがこの問題を解決しなければなりません」と言えば、より簡潔でわかりやすく、説得力が増します。

「私たち」というのは、相手を仲間に引き込む言葉です。コミュニケーションをより直接的にし、くだけた会話の雰囲気に近づけます。こうした言葉選びにより、相手も同じような言葉遣いになるかもしれません。各自がパフォーマンスを演じているという感覚は薄れ、連帯感が生まれます。私たちが解決すべき問題だと言い切ることで、実際の問題解決にも一歩近づけます。

コミュニケーションを会話と捉え直すための2つ目の方法は、質問の投げかけです。**疑問形は、たとえ反語として使われる場合でも、双方向的なやり取りになり、話し手と聞き手が交互に受け答えする形になります。**一人ぼっちで舞台の上から聴衆を相手にしているのではなく、対話に参加しているように感じられます。

何らかの主張を伝える時も、問いを掲げ、それに答えていく流れにできます。すると、会話に近い感覚を得られ、自分に対するプレッシャーが弱まります。

自ら問いを立てて回答する形式は、あらたまった場での講演にも応用できます。

私が知る学者は、ノーベル賞を受賞したこともある人物ですが、もっと肩の力を抜いて人前で話せるようになりたいと願っていました。そこで、研究テーマとしての問いを各スライドの見出しに掲げるようにしました。

この方法を使うと、問いが次に話す内容のヒントとなり、聴衆に答えを提供するように話し進められました。会話調の説明で親近感が生まれ、発表者自身も緊張がやわらぎました。立て板に水のごとく完璧に話さなくてはと、あらかじめ内容をすべて頭に詰め込んでおく心配もなくなりました。聴衆が抱くであろう疑問に答える形で、リラックスして話せるようになりました。

最後に、多くの人が陥りがちな「暗記の罠」に気をつけましょう。採用面接などに臨む時、ここぞという場面に備え、言うべきことや決め台詞を事前に用意しておきたくなるものです。

言いたいことを書き出してみるのは有用ですが、丸暗記は裏目に出るおそれがあります。しつこくリハーサルを重ねたプレゼンと同じように捉えると、決め台詞を覚えておくことに必死で、緊張するばかりです。自分の発言が常に気になり、想定から少しでも外れれば失敗と受け止めてしまいます。

暗記に精神的エネルギーを奪われると、周囲の人との自然なやり取りも困難になります。認知に負荷がかかるため、相手の話をしっかりと聞いて受け答えする余力が少なくなってしまうのです。[11] 他者を目の前にしながら、自分だけの殻に閉じこもってしまいます。

すべて丸暗記する代わりに、言いたいことの要点だけを短い箇条書きでアウトラインと

自分の可能性を解き放つ

アドバイス	説明	効果
ヒューリスティックに気付く	ストレス要因への典型的な反応であり、空腹感や疲労感、いら立ちなどによっても引き起こされる。	頭と身体で起きていることに注意し、ゆっくりとした反応を心がけることで、個性を発揮し、周囲と打ち解けやすくなる。
ありきたりであろうとする	正解探しにこだわらず、必要なことだけをこなす。	完璧なパフォーマンスへのこだわりを捨てると、創造性が高まり、コミュニケーションの自由度が増す。
ミスを前向きに受け止める	失敗を成功への道筋と捉える。	うまく受け答えできなくても、映画のワンシーンの撮り直しみたいなものだと考えられる。
会話する	あなたが思うほど一挙一動に注目が集まっているわけではない(実際のところ、聞き手はほとんど気にしていない)。	受け答えを、批判的な聴衆の前でのパフォーマンスではなく、会話として捉えれば、肩の力を抜いて話せる。
堅苦しくない口調にする	「パフォーマンスではなく会話」という意識を持てるよう、言葉遣いをやわらかめにする。	肩の力を抜いた方が、親しみを感じてもらいやすい。
聞き手を巻き込む	聞き手と対話し、質問を投げかける。	双方向的なやり取りがあると、人生もコミュニケーションもより楽しくなる。
その場で考えられる余力を残す	丸暗記したい気持ちを抑え、話のとっかかりや要点だけを覚えておく。	認知の負荷が低下するうえ、堅苦しい印象を与えずに済む。

してまとめてみましょう。 そうすれば、実際の発言中に細かい内容まで気を配る余裕が生まれ、話の全体的な構成として記憶に残りやすくなります。型を使えば、話しながら詳細を補うことにもっと自信を持てるようになります（詳しくは第5章を読んでください）。

あなたにもできる

即興コミュニケーションの達人として知られるアンソニー・ベネツィアーレは、2000年代前半に俳優のリン＝マニュエル・ミランダと立ち上げた即興コメディショー「フリースタイル・ラブ・シュプリーム」でトニー賞を受賞し、自らその舞台に立ってきました。コミュニケーション関連のトレーニングを提供する「マインドレス・インク」や「FLSアカデミー」の創立にも寄与し、とっさにうまく受け答えするコツを聞くのにうってつけの人物です（彼を知らなければ、2019年の即興TEDトークを視聴してみてください。彼が本番で初めて見るスライドをもとに、その場で作り上げたスピーチです[12]）。

彼にとって即興とは、単なる趣味でも、仕事でもなく、生き方そのものと言えます。ベネツィアーレならどんな舞台でも決して緊張するはずがないと思うでしょう。ところが彼には、即答を求められるのが大変な苦痛だった過去があります。深刻な発話障害があり、「r」と「w」を言い分けられない子どもだったのです。それを4人の兄たちにひどくからかわれ、内向的な性格になりました。口を開くたびに失敗し、ばかにされることを恐れ、いつも黙っていました。

発話障害を克服できたのは、怖がらずに授業で手を上げて発言したり、店員に話しかけたりするよう促し、それができたらアクションヒーローのフィギュアなどのご褒美を与えるという言語療法士の力添えがあったからです。

この「低リスク暴露療法（エクスポージャー）」によって、中学校に入るまでには話すことに自信が持てるようになり、校内で行われる舞台劇のオーディションに挑んだほどです。「今ならできると思った。もう『ルートビア』を『ウートビア』と言うこともない。口の中にいつもビー玉がつまっているような幼いころの感覚がなくなっていた」

自信をさらに深め、もっとおもしろく話せるようになった彼は、大学でコメディ集団に参加します。小さなステップを重ねて徐々に即興スピーチに慣れていく方法が、大きな成果につながりました。

失敗に対する恐怖がふくらみやすいケースがあることは知っておいてください。

社会の少数派とされる集団に属していると、周りから軽んじられているように感じたり、母集団を代表するプレッシャーを余計に強く受けたりします。それだけの重圧にさらされると、失敗はいっそう怖いものになります。どのような経験をしてきたかによって、自分の能力を過小評価し、常に場違いだと思い込むインポスター症候群に陥ってしまうこともあります。

ここで断言させてください。皆さんは決して場違いではなく、皆さんの貢献には大きな価値があります。

私は、アドリブで話せる資質が誰にでも備わっていると確信しています。自分で自分の邪魔さえしなければ良いのです。

個性を押し殺し、独自の意見やアイデアを儀礼的な言葉で包み隠してしまわず、自由に発想し、臨機応変に対応できる自己を取り戻しましょう。

即興パフォーマンスの達人が教えてくれた通り、私たちの日常生活こそが即興です。あらかじめ決まった筋書きや計画通りにきっちりと生活する人はいません（一部の大物政治家は例外かもしれませんが）。アドリブでの対応方法を誰もが心得ています。[13]

あとは、恐怖感に飲み込まれないようにし、対人場面でのとっさの受け答えに磨きをかけていくだけです。

実践してみよう

1. ミーティング中、自分がどのように受け答えすることが多いかに注意を向けてみてください。思考の近道を使っていませんか？　同僚に好印象を与えようとして、「それは良い意見ですね」と安易に繰り返していませんか？　自分の意見に質問が寄せられると、考える時間を稼ぐために必ず「良い質問ですね」と言ってしまいませんか？　あなたが使う思考の近道を3つ挙げてみてください。その1つずつに、より即興性の高い受け答えを考え、次のミーティングで実際に使ってみましょう。

2. 自然発生的に誰かとやり取りした後、数分間の振り返りを行ってみてくださ い。コミュニケーション中に自己評価する心の動きがあったか考えてみます。思いがけず自分に厳しくなっていませんでしたか？　出来の評価に何らかのパターンがありませんでしたか？　自己批判によって受け答えが一段と難しくなりませんでしたか？

3. 過去にあったコミュニケーション上の失敗と、それが自分に及ぼした影響を考えてみてください。つらい経験だったとしても、何か得たものはありませんでしたか？　そこからどのような教訓を学びましたか？

第3章

心構えを変える——マインドセットを意識しよう

突然の事態に戸惑っても、自制心を取り戻せます。
どう受け止めるかの問題です。

見知らぬ場所で迷子になりたいという人は、めったにいないでしょう。自分がどこにいるかわからないと不便ですし、時間が無駄になり、身の危険すら感じるかもしれません。そこで位置情報をオンにし、地図アプリの指示に従います。そうすれば、行き先を見失ってまったく知らない場所に足を踏み入れてしまう心配が無用になります。大事なのは目的地であり、途中経過ではないため、道すがらの風景にはあまり意識が向けられません。

前出の即興演劇の専門家、ダン・クラインは違います。彼は散歩やジョギングに出かけると、あえて道に迷おうとします。

「身体的なリスクが実際にあり、問題に巻き込まれる可能性」があれば避けると、私のポッドキャストで説明してくれましたが、何かわくわくしそうな新しい発見のために、少しだけ迷子になってみるそうです。[1]

クラインはある日、サンフランシスコ近郊の自宅付近をジョギングしながら、ちょっとした冒険に踏み出そうと決めました。引っ越してきたばかりではあったものの、自転車道に沿った進路はもう行き慣れていました。気まぐれに次の交差点で右に曲がってみると、半ブロックも歩かないうちに、市街地からすぐ入れる自然遊歩道の入り口が見えます。その辺りを通ったことはあっても、遊歩道に気付いたのは初めてでした。

遊歩道に入ると、隠れた緑のオアシスとでも言うべき小さな公園があります。「別世界に連れてこられたような感覚だった。天然の植物が広がる景色だけでなく、香りによっても。見事にカリフォルニアらしい香りで、嗅覚がぶわっと刺激された」[2]

それからというもの、彼は習慣にしているエクササイズの前に必ず公園を訪れるようになりました。深呼吸で自然の香りを吸い込み、全身の準備を整えるのです。

普段の見通しや目標からいったん離れ、好奇心と冒険心を持ち、オープンな姿勢で世界と向き合うと、思いがけない形で報われます。

知らない道に足を踏み入れてみることも、なりゆきでのコミュニケーションに身を任せてみることと同じです。マインドセットの転換により、とっさの受け答えを脅威と見なさず、学習、協力、成長の機会と受け止められるようになります。そうすることでコミュニケーターとしての能力が高まり、コミュニケーションの楽しさを実感できます。

いきなり受け答えを求められるストレスから、自分を守らなければならない試練が訪れたと恐ろしく感じることは珍しくありません。

自己弁護にばかり多くのエネルギーを費やし、自分らしさや熱意を込めたコミュニケーションがおろそかになります。精神状態や身体的な反応を通じて警告のシグナルが発信され始めます。思考は守りに入り、視野が狭まります。身構えるような姿勢になり、後ずさりしたり、イスの後ろに隠れたり、カメラをオフにしたり、腕を組んだり、背が丸まったりします。呼吸が速まり、声帯が締めつけられ、声が細くなることもあるでしょう。

口調もせわしなく、そっけなく、いら立った感じで荒くなり、いかにも警戒しているように聞こえるかもしれません。伝えたいメッセージも言葉足らずで、他者への配慮が行き届かず、聞き手との距離を感じさせ、閉鎖的なものになります。

即興性の求められるコミュニケーションを、恐るべき脅威ではなく、つかむべきチャンスと捉え直せれば、肩の力を抜いて自分らしさを発揮でき、楽しいと思えるでしょう。

そうなると、視野が広がります。堂々として大らかになり、他者との距離が縮まり、親しみやすい存在となります。口調にも自信と説得力が増し、落ち着きが加わるとともに、メッセージが細部まで伝わって共感を呼び起こし、聞き手の心に響きやすくなります。

好循環が生まれるのはここからです。話し手自身がリラックスし、その場に意識を集中して楽しめれば、周囲の人も同様の気分になります。前向きで、オープンで、好奇心にあふれた聞き手の姿勢によって、話し手の調子はさらに上がっていきます。

もちろん、やり取りの種類によって難易度が異なることは、まぎれもない事実です。採用面接、他社と競う商談、学術討論会などで、隙あらば言葉じりを捕らえようとする相手と向き合うこともあります。私も実際に経験してきました。社会の分断が進む今日では、特にネット上で、コミュニケーション相手が懐疑的だったり、さらには敵対的だったりするケースが日常茶飯事です。

とはいえ、こうした場面でこそコミュニケーション能力が役に立ちます。それだけではありません。「脅威」の受け止め方を変えれば、意外な効果がいくつも表れます。

中傷やヤジを怖がる気持ちは、多くの人に共通します。注意をそらされて話が脱線し、ばかにされ、揚げ足を取られることを恐れます。

ところがソーシャルメディアで注目されるようになったコメディアンのトレバー・ウォレスは、聴衆から邪魔が入る瞬間を歓迎します。こうしたハプニングは、二度と起きることのない特別な瞬間だと言います。だからこそ、さっさと切り抜けようとはせず、茶々を入れてきた人にあえて質問を投げかけ、話がどう発展するか試してみるそうです。意図的には決して演出できない、おもしろおかしいやり取りになることもしばしばあり、ウォレスはその爆笑シーンを動画で投稿し、フォロワーを増やしてきました。[3]

私たちも、**いきなり邪魔が入る瞬間をあわてて抜け出そうとせず、正面から向き合ってみる**と、ポジティブな効果が得られます。新しい可能性やチャンスをたいがい前向きに受け止められる能力が、多かれ少なかれ誰にでも備わっています。たとえ悪意を持った人に邪魔されても、できる限り真っ向から正直にやり取りすることで対処できます。

そのために重要なのがマインドセットです。

4つのマインドセット転換

スタンフォード大学のマインド・アンド・ボディ研究室を率いる心理学者のアリア・クラムは、マインドセットを次のように定義します。

「現実の見方であり、私たちが何を期待し、何を理解し、何をしたいかを形作るもの」[4]

私はこれを念頭に置きながら、学生やクライアントに「4つの大事なマインドセット転換」を促しています。考え方やアプローチを変えることで、突発的な受け答えがもたらす数多くのチャンスに前向きになれます。なじみのある転換方法もあれば、意外なものもあるでしょう。一つずつ説明しながら、好ましいマインドセットをしっかりと身につけるコツを紹介します。

マインドセット転換1

硬直からしなやかへ

心理学者のキャロル・ドゥエックは、各自の人格や潜在能力の捉え方を「硬直マインドセット」と「しなやかマインドセット」の2つに分類しました。

硬直マインドセットは、知識や能力が根本的に変化しないという認識を特徴とします。才能が備わっているか、備わっていないかのどちらかしかないという理解です。

しなやかマインドセットは、知識や能力が流動的であり、スキルの習得やパフォーマンスの改善が可能で、心構えは変化し得るという前提に立ちます。

硬直マインドセットに陥っていると、知的な有能さを確認しようとする努力に時間を浪費します。新しいことへのチャレンジを避けたがり、自己研鑽に消極的で、耳が痛い意見を聞きたがらず、他人の成功を脅威に感じます。

一方、しなやかマインドセットを取り入れると、学習し、成長したいという願望が生まれます。チャレンジを歓迎し、教訓を得ようとします。批判的な意見をありがたく受け入れ、こつこつと努力を続ければ前進できると信じます。他人の成功を自分への脅威ではなく、刺激として受け止め、そこから学ぼうとします。

ドゥエックの研究は、人間がダイナミックに変化する存在だと考えることのとてつもない効果を浮き彫りにしました。自分は変われると考える人は、硬直的な自己像を持っている人より、成功を収められる確率が高くなります。

コミュニケーションでは特に、この差が如実に表れます。成長とポジティブな変化の可能性を信じていると、人前で話すことへの不安感が比較的小さく、どちらかと言えば得意であると感じ、話すという行為やその効果をより強く意識できていることが、ある研究で明らかになりました。[5]

しなやかマインドセットは、突発的なコミュニケーションがたくさんの学習機会の一つであるという概念を裏付けます。

自分は人間として未熟で、成長の余地があるという意識を持って社交の場に出ると、好奇心が高まり、目の前の出来事に意識を集中でき、柔軟な姿勢でいられます。思い通りのコミュニケーションができなくても、ストレスを感じたりしません。失敗を学びのチャンスと捉え、貴重な教訓を得ます。自分の能力を証明してみせたり、認めてもらったりする必要性を感じないため、肩の力が抜け、敵に取り囲まれた感覚が薄れます。

しなやかマインドセットを身につける方法はいくつもあります（ドゥエックの著書を読むだけでなく、彼女のTEDトークもぜひ聞いてみてください）。[6] しなやかマインドセットを取り入れ、磨きをかけていくには、**努力の結果より過程を重視**します。

時間とエネルギーを割いて「不安対策プラン」（第1章を参照してください）を策定したなら、自分を褒めましょう。対人場面では、貢献できる価値や、努力から得た知見が自分にあることを思い出してください。「私には話すべきことがあり、学ぶべきことがある」といったようなフレーズを、心の中で繰り返し唱えてみると良いでしょう。

コミュニケーションに行きづまったら、「まだ」というドゥエックの考え方を取り入れましょう。**とっさのやり取りに必要とされる多面的な能力を獲得できる可能性はあるけれど、今は「まだ」得られていないだけだと受け止める**のです。

現実的な目標を立て、達成に向けたステップを描きましょう。現時点での能力を評価し、短期と長期でそれぞれ見込める成長可能性を検討してみます。諦めなければ上達できる可能性があること、そして前進が遅くとも最善を尽くそうとする姿勢と取り組み自体に価値があることを忘れないでください。

「まだ」という考え方によって、改善につながる問いを立てられるかもしれません。質疑応答でまごついてしまったら、次のことを考えてみましょう。どうすれば本番でゆっくりとした深呼吸を思い出せる？　どのヒューリスティックが邪魔している？　どの合言葉を唱えれば、撮り直しのチャンスと同じだという意識を思い起こせる？

コミュニケーションのさまざまな目標を達成していく時は、最終的な目的地ではなく、途中経過を大事にしましょう。「道のり」や「冒険」などの表現を使って、目標を進むべき進路や登るべき山として思い描き、行き先が固定されていない旅のイメージを持ちます。

試行錯誤の記録を残し、学んだことを定期的に見返して、成功と失敗を含めた積み重ねを振り返るのが良いでしょう。[7] 黄思綺《ファンスーチー》とジェニファー・アーカーによる研究が示すように、旅路にたとえることで、目標に向けた努力をさらに続けていく意欲が生まれます。[8]

試してみよう

質疑応答、祝辞、ミスからの立ち直りなど、とっさのコミュニケーション能力を高めたい場面を考えてみてください。もっと話し上手になるために、どのようなステップが考えられますか？　欲しいスキルを身につけられるよう少しずつ努力するにはどうしたら良いでしょうか？　すでに行動に起こしていることはありますか？　どこがうまくいっていて、どこに改善の余地がありますか？　誰かに手伝ってもらえますか？

マインドセット転換2

主役は聞き手

いきなり受け答えを求められて怖く感じる時、私たちは自分自身に注意を向けています。敵に包囲されたと思い込み、自分の正しさを証明しなければならないという気持ちになります。脅威に対処しようとして、周りを見ずに、自分の振る舞いと発言ばかりに気を取られ続けます。聞き手に目を向けるとしても、リアクションばかりが気になります。

こうした反応とは逆に、**注意の矛先を自分から聞き手に変える**ことで、マインドセット転換の機会をつかんでみましょう。どのような人があなたの話を聞いていますか？　何を知りたがっているでしょうか？　今どう感じているでしょうか？

そう考えてみると、聞き手の生活や経験をより良いものにするチャンスが与えられているのだと気付きます。話す内容と、その文脈により、力や知識を授けたり、学習の機会を与えたり、楽しませたり、奮起させたりできるのです。

スタンフォード大学名誉上級講師のパトリシア・ライアン・マドソンは即興の専門家で、教壇に立っていたころは、まず学生にこう伝えていました。

「主役はあなたではありません。肝心なのは、あなた以外の全員であり、あなたが皆とどう協力するかであり、何かをどう一緒に作り上げていくかです[9]」

彼女だけがこう考えているわけではありません。私がポッドキャストで行ってきたインタビューの数々でも、聞き手に注意を向けることの重要性がよく指摘されています。

聞き手本位を実践するうえで、マドソンは部屋に入った瞬間から聴衆と物理的な環境を注意深く観察するようアドバイスします。

マドソン自身はあらたまった場でスピーチする時、聴衆の様子から判断し、発する言葉を変えることもあると言います。

会場が予想以上に豪華だったり、コメントせずにいられないような聴衆の特徴があったりするかもしれません。とっさの受け答えでも、その場の様子に目を向けると、聞き手の雰囲気、熱意の度合い、好き嫌いなど、たくさんの情報が入ってきます。こうした観察によって、聞き手が自分に何を期待し、自分がその期待にどう答えられるかを探れます。

試してみよう

ミーティングや立食パーティーなどで、とっさの受け答えが必要になる時、周囲の状況を観察することから始めてみてください。誰が誰と話しているか、部屋のどこに人が集まっているか、盛り上がりの中心にいるのは誰か、乗り気でなさそうなのは誰か、全体の雰囲気はどうか。照明、設備、温度などの環境要因にも注意を向けましょう。心の余裕を持てるようになるための情報が案外多いはずです。

聞き手のことを考える時、大多数の人は相互のコミュニケーションがうまくいくことを願っているという事実を忘れないようにしましょう。意外かもしれませんが、相手がぎこちない対応になってしまうのを喜ぶ人などめったにいません。聞き手もスムーズなやり取りを楽しみたいと思っているのです。マドソンはこう説明します。

「オリンピック競技でどんな小さなミスでも見つけようとする審判と違い、聴衆（プレゼンであれ、ミーティングであれ、パフォーマンスであれ）は人間の集まりで、あなた自身と何も変わるところがない。あなたを応援し、あなたから学ぶために集まっている。今から行うプレゼンの最悪のシナリオを頭の中で思い描いてしまうと、そのことを忘れてしまう」[10]

皆さんが逆に、聴衆の立場にあると考えてみてください。話し手がしどろもどろになることを望みますか？　イベントやミーティングにわざわざ招いたスピーカーや、せっかく言葉を交わし始めた会話相手に、気まずい思いをさせたい、話しづらく感じさせたいと願いますか？

当然、そうは思わないでしょう。自分が聞き手だったら何を知りたいですか？　どんな話を聞きたいですか？　あなたの人生にとって意義のある情報やメッセージとは？

聞き手本位だからと言って、自分をないがしろにして良いわけではありません。**聞き手の前に立つ時、どうすれば良い時間を過ごしてもらえるか明確にわかっていれば、心に余裕を持てる**というだけの話です。

例えば、友人からアドバイスやフィードバックを求められたら、相手がどのような種類の反応を期待し、どのような懸念事項について意見が聞きたいのかを探りましょう。聞き手を理解すると、より誠実に振る舞え、相手の期待にも応えやすくなります。

最後に、**自身が最も成功しやすい環境はどのようなものか**考えてみましょう。誰かの面倒を見る前に自分の面倒を見る必要があるのと同様、最高の状態で受け答えするには自分の必要を満たしておかなければなりません。

祝辞や弔辞を突然頼まれた時、周りの人には静かに耳を傾けてほしいと思ったら、スマホをいったんしまってくださいとお願いしましょう。聞き手側からの積極的な参加を望むなら、自分が話して相手が聞くだけの一方的なやり取りではないことを最初に知らせましょう。聞き手と誠実かつ率直に向き合えば、どちらも互いに心地良くいられます。

試してみよう

さまざまな場面で自分の一番尊敬する話し手について考えてみてください。最も優秀だと思う司会者は誰で、どこに好感を持ちましたか？ お気に入りの話し相手や会議の進行役は誰で、どのような振る舞いを素晴らしく感じますか？ テクニックや行動を一覧にまとめ、自分に生かす方法を考えてみましょう。

マインドセット転換3

「そう、でも」から「そう、それで」へ

ここで、またゲームに取り組んでみましょう。パートナーが必要なため、自宅にいるなら、家族やルームメイトと一緒に試してみてください。ランチ休憩中なら、職場仲間を誘っても良いでしょう。周りに誰もいなければ、ビデオ通話で声をかけてみましょう。そして、想像上のプレゼントを交換し合います。

まずは、あなたが相手からプレゼントを受け取ります。きれいに包装され、リボンの付いた大きな箱を渡すように、両手を前に伸ばしてもらいましょう。

あなたはプレゼントを手に取って箱を開け、中を見るジェスチャーをしながら、「これはいいね。〇〇をくれてありがとう」と言います。〇〇の部分には、頭に浮かんだプレゼントを何でも入れて構いません。「サイの赤ちゃん」でも、「電球」でも、「石けん」でも、「くさいランニングシューズ」でも。何でも良いので、相手にお礼を言いましょう。

今度は相手が、そのプレゼントを選んだ理由を即興で考えて言わなければなりません。あなたが「亀をくれてありがとう」と言ったとしたら、相手は例えば「そう、あなたは小さいころから『ミュータント・タートルズ』のアニメの大ファンだったから。本物の亀をペットに迎えるより嬉しいことなんてある?」と返せるでしょう。

このゲームでは、プレゼントの中身を考え出す時と、選んだ理由の説明をひねり出す時

の2度にわたってアドリブが求められます。

次はあなたがプレゼントを渡す側になって、もう一度やってみましょう。想像上でもプレゼントを贈り合うと気分が明るくなりませんか？　私の講演やワークショップで参加者にこのゲームを試してもらうと、和気あいあいとした雰囲気になります。笑みがこぼれ、うなずき合い、楽しんでいる様子がうかがえます。参加者同士で気持ちが通い合うようになります。

この即興ゲームは、私が早い時期からワークショップに導入したものの一つで、ずっと重宝しています。理由は2つ。まず、この章に書かれていることの要点をかいつまんで伝えられます。自分の言い間違いや、相手から飛んできた質問を、目の前に立ちはだかる関門でも、脅威でもなく、チャンスであり、贈り物であると考えられたら、どうでしょうか。素晴らしいと思いませんか？　やり取りがもっと楽しくなりませんか？　周囲の人ともっと心を通わせられるようになりませんか？

しかもこのゲームを使えば、とっさのやり取りに役立つ具体的なマインドセットの転換方法を、お芝居として実践できます。日常生活では、たびたび他人からの押しつけに反発するでしょう。すぐに「ノー」とは言わずとも、「でも」を加えることがあるはずです。

「確かにそれは良いアイデアに思えます。でも他の側面を考えてみてください」

「あなたの意見はわかります。でも正しいとは思いません」

このように私たちは「そう、でも（Yes, but…）」と反対意見を述べたり、批判したり、落とし穴を指摘したりします。

プレゼント受け渡しゲームの最中は、そのどれもしません。むしろ相手の発言を受け止め、即興でのやり取りを支え合います。プレゼントを受け取る側がおもしろおかしい中身を思いつけば、相手はそれに乗っておもしろおかしい説明をひねり出します。「そう」と受け止めて、会話をつなげていきます。

「そう、それで（Yes, and…）」という反応は、アドリブで対応するうえで極めて大切です。[11] これを繰り返すうちに、私たちは批判的な反応を少しずつ弱め、相手の発言をひたすら肯定し、会話を発展させることに集中していきます。

こうしたアプローチにおいては、答えに正解も間違いもありません。新しい答え、そしてさらに次の答えがあるばかりです。どれも「そう」と受け止めたうえで、自分なりの返答を重ねます。

「そう、それで」という受け止めは、極めてシンプルでありながら、非常にパワフルな効果を発揮します。他の人と会話する時にこの表現を意識すると、思いがけず素晴らしい方向へ進めそうな瞬間に気付くでしょう。

いったん受け止める姿勢を心がけると、ふさわしい答えを返すべく、相手の発言に耳を傾けるようになります（第4章で詳しく説明します）。相手とのやり取りを完全にはコントロールできなくなります。受け答えを一字一句、あらかじめ準備したりもできません。相手の発言を聞いたうえで応答し、さらなる発言に受け答えを重ねていくまでです。あなたの発言はすべて、会話をおもしろくし、新たな方向に発展させていくきっかけとなります。

唐突に発言を求められた時に、「そう、それで」の心構えでいるための方法がいくつかあります。その一つとして、たとえ対決や駆け引きの要素が強い場面でも、相手と足並みをそろえられる部分を探しましょう。**とっかかりとして合意できる部分を見極め、話を進める間、繰り返しそこに立ち返りましょう。**「イエス」と言える共通の基盤を見出そうとする努力により、他の参加者も同調し、ポジティブな流れが生まれます。

試してみよう

会話で険悪な雰囲気になったら、少し間を置き、自分が相手に賛成できる点を考えてみてください。いくつか思いついたら、そのうちの一つの方向へ会話を導き、「そう、それで」の効果を役立ててみましょう。

「そう、それで」の言葉には、意見の善し悪しをすぐに決めつけてしまわないようにする作用があります。

いきなりリアクションを返すのではなく、「そう、それで」と言いながら、相手の発言の根底にあるロジックの理解に努めましょう。最初のうちは難しく感じるかもしれませんが、発言のニュアンスや背景を理解するにつれて、妥当であり、自然であると思えるようになります。

自分の抱いている先入観に気をつけてください。そんなつもりはなかったとしても、性急な判断によって、他の人がせっかく出した意見をぴしゃりとはねつけてしまうことがあります。話をさえぎったり、すぐに決めつけたりすれば、無視されたとか、軽んじられたという感覚を相手に与えてしまいます。

アダム・トービンは「即興スピーキング」の授業で、**すぐに善し悪しの判断を下す衝動にあらがえば、新しく出会うアイデアに前向きでいられるだけでなく、多様な意見を受け止める力になる**と繰り返し教えています。

マインドセット転換4

次の一手に集中

前出のスタンフォード大学講師のパトリシア・ライアン・マドソンは、著書の『スタンフォード・インプロバイザー』に、卒業式で朗読を頼まれた時のことを記しています。

要人を含む1000名が出席する大がかりな式典です。彼女の出番の前には、大学オーケストラによる演奏が予定されていました。音楽が終わったら、角帽とガウンを身につけた姿で演壇に上がり、スタンフォード大学の創立者の一人であるジェーン・スタンフォードの言葉を読み上げることになっていました。

卒業式当日、マドソンは演奏が終わるのを待ち構え、曲が止まった瞬間に立ち上がって壇上に向かい、「次はジェーン・スタンフォードの言葉です」と告げました。ところが何と、オーケストラが再び演奏を始めます。そもそも2つの楽章を演奏するはずだったのに、マドソンが早とちりしたのです。聴衆は彼女の失態に気付いて笑い出しました。

このような場面でパニックに陥ったり、頭が真っ白になったりする人は多いでしょう。マドソンは違います。席に戻り、落ち着いて出番を待ちました。オーケストラが2つ目の楽章を演奏し終わると、演壇に戻り、あらためて告げました。「今度こそ、ジェーン・スタンフォードの言葉です」

マドソンは失敗への対処法として、「くよくよせず、ただ前に進む」という大きな教訓を得ました。「へまをした時に意識を向けるべきは、次の一手であり、失敗した理由を考えることではない」とマドソンは説明します。そうすれば、あなたの毅然とした態度が聴衆から好意的に受け止められるでしょう。「おどおどしない人は英雄に数えられると思う。

重要なのはミスではなく、そこからどう立て直すかだと、学生にアドバイスしたい[12]
「次のプレー」という合言葉が、さまざまなスポーツで広く使われるようになりましたが、最初に使い始めたのは、米デューク大学の伝説的バスケットボールコーチとして知られ、「コーチK」の愛称で親しまれるマイク・シャシェフスキーでした。

バスケでシュートをミスしても、野球で空振りしても、アメフトでインターセプトされても、さっさと頭を切り替えてプレーを続行します。**起きてしまったことではなく、目先のタスクに集中**します。

同様に、3点シュートを決めても、満塁ホームランを打っても、タッチダウンパスを成功させても、とにかく次へ進むのです。

パフォーマンスは水物であり、ベストを尽くすには、目の前の出来事への集中を切らしてはなりません。どんなに情けない失敗でも、どんなに素晴らしい成果でも、過ぎたことには気を取られないようにします。

「今やっていることに比べれば、もうやってしまったことなんて取るに足りない[13]」と、シャシェフスキーがかつて言った通りです。デューク大学で活躍した後にＮＢＡ入りしたプロバスケットボール選手のシェーン・バティエは、シャシェフスキーから教わったことの中で「最もシンプルかつ印象的」だったのが「次のプレー」だったと回想しています。

私たちにとって「次のプレー」というのは、舞い込んできたチャンスをつかもうとすることを意味します。過去にとらわれていると、今その場に潜む可能性に気付けません。何が起きても構わず即座に次のプレーへと進んでいけば、「新しいスタートを切り、エネルギー、準備、前向きな意欲を伴って繰り返し次のチャンスへと取り組んでいくこと」[14]ができます。

「次のプレー」というマインドセットへの転換なんて難しいと感じる人も多いでしょう。人間は過去の出来事に感情を強く結びつけやすく、その特性から逃れるのは容易ではありません。

それなら「ニューチョイス（新しい選択）」という即興ゲームを使って、目の前の出来事に集中しつつ次のプレーに移っていく練習をしてみましょう。

まずは、グループで何かしらの劇の一幕を演じ始めます。しばらくすると、ゲームのリーダーが突然「ニューチョイス！」と叫ぶので、演者たちは別のシーンに切り替え、会話を思いつきで新しく始めなければなりません。タイマーを設定したり、「ニューチョイス！」と号令をかける役目を友人に頼んだりすれば、演者が自分しかいなくてもできます。数分やってみるだけで、次に移ることへの心理的抵抗が弱まる効果を実感できるはずです。[15]

即答を求められて上手に話せなくても、その場でくどくどと思い悩まないでください。感情を一時そのまま受け止めたら、先へと意識を切り替えていきます。

2018年に米南部フロリダ州のマージョリー・ストーンマン・ダグラス高校で銃乱射

事件が起きて間もないころ、多様な見解や視点に耳を傾ける意義について講演する機会がありました。私にとって強い思い入れのあるテーマにもかかわらず、事件の犠牲となった若者たちのことについ思いを馳せ、集中力を失いました。講演の要旨を頭に入れてあったはずなのに、何を言おうとしているかすっかり忘れてしまいました。

私は講演の目的を述べてみることで、その困った状態から立ち直れました。誰もがもっと自信を持って自分の意見を言えるようになってほしいと願い、そのための知識を広めるべく長年活動してきたと、聴衆に語りました。このテーマへの熱意が先走ったがために、考えが一瞬追いつかなくなったと説明しました。

不格好な姿をさらしてしまい、気まずい雰囲気になっても、目的を明らかにすることで、しっかりと話す力を取り戻せました。私が言葉につまった瞬間、その場の誰もが気付きましたが、聴衆の関心はやがて話の続きへと戻っていきました。

「人間万事塞翁が馬」の故事は、自分のことでも他人のことでも、失敗か成功かを早々と決めつけないことの大切さを説いています。

昔々、農家で飼っていた馬が囲いから逃げてしまいました。近所の人は不幸をなぐさめたものの、飼い主の農民は「そうとも限らない」と言います。馬が何頭もの野生の仲間を連れて戻ってきたので、隣人たちは幸運を称えましたが、農民は「そうとも限らない」と繰り返します。彼の息子が野生の馬に乗ろうとし、落馬してけがをすると、近所の人は残念なことだといたわります。「そうとも限らない」と返す農民。けがのせいで息子が徴兵を免れるという朗報が舞い込みましたが、賢い農民の反応はやはり同じでした。「そうとも限らない[16]」

ある出来事や発言が最終的にどのような影響をもたらすかなど、わかるはずがありません。わざわいを転じて福となすことも、幸運に思わぬ代償が隠れていることもあります。良くても悪くても結果をいちいち気にせず、より大きな目標へ向かい続けるのがベストな道です。

何かに失敗してくよくよしかけたら、「そうとも限らない」と自分に言い聞かせ、次のプレーに進みましょう。

試してみよう

アドリブ力が試されそうな場に足を踏み入れる前に、「そうとも限らない」と書いたメモをポケットにしのばせておいてください。紙に書き留め、ポケットにその存在を感じることで、自分の発言や振る舞いの善し悪しをすぐに決めつけず、次の一手に集中する心構えを思い起こせます。即興でのやり取りが必要とされるシチュエーションの5分前にスマホでアラームを設定し、「そうとも限らない」というメッセージが表示されるようにしても良いでしょう。

わざわいを転じて福となす

ある会社でチームリーダーを務めていた時、私は上司から「10人ほどの整理解雇が必要になる」と告げられました。直属の部下の4分の1に相当する人数で、とてつもないショックを受けました。それほどたくさんの部下を一度にクビにした経験などありませんでした。私は何とか気力を奮い立たせ、解雇対象となる部下との面談を設定しました。

1人目のサンディは、東海岸チームのシニアマネジャーで、友人としても親しい関係にありました。会議室に入ってくる彼女の姿を見て、私は胃がおかしくなりそうでした。解雇されたら彼女はどうなってしまうのか、良好な関係のままこの場を切り抜けられるのか、心配でたまりません。相手の感情になるべく寄り添った適切な対応ができるという自信も持てませんでした。

会議室のドアを閉めた瞬間、ある考えが頭に浮かびました。確かに、サンディを解雇しなければならないのは心苦しい。彼女の生活が厳しくなるだけでなく、私自身が無力感におそわれるかもしれない。それなら、この嫌な役目を果たす中で、少しでも役に立てることはないだろうか？

私は目の前の現実を、違った角度から捉えてみることにしました。失業がつらいことは変わらないものの、解雇手当の中身をしっかり説明すれば、新たな道を考え始めてもらえるのでは？　パニックを起こしてもおかしくない部下を支え、次のステップを計画できるように手助けできるのでは？

サンディの仕事ぶりは優秀でしたが、私はたまたま、彼女には別の夢があると知っていました。何年も前から、恵まれない境遇の子どもにメンターやチューターを仲介する制度を立ち上げたいと話してくれていたのです。同じような制度ですでにボランティア活動を始め、それを楽しんでいるようでした。

2人とも席についてから、私は解雇の話を単刀直入に切り出しました。彼女が事実を受け止めるための間を少し置いた後、メンター制度発足の夢につなげる方法を一緒に考え始めました。受け取れる手当の種類や金額を伝え、その他の支援をどう新たなキャリアに役立てられるか検討しました。会社で提供されている社員教育プログラムのうち、彼女の目指すメンター制度の設計に生かせそうなものについても2人で話し合い、意見を交わしました。

約1時間の面談は、彼女にとって決して喜ばしいものではなく、私も悲しい気持ちになりました。それでも、最初に考えていたよりはうまくいきました。サンディが失意のまま退出する展開にはなりませんでした。会社に対する怒りなどのネガティブな感情に混じって、将来を楽しみにする様子も垣間見えました。仕事を辞めることはつらくても、キャリアの方向性を変え、本当にやりたかったことの実現に向けて努力を加速するチャンスだと受け止めてもらえました。

それから数カ月後、サンディはメンター制度を立ち上げ、社会に大きな貢献を果たすようになりました。

この経験から、私は残りの解雇対象者にどう接するべきかのヒントを得ました。相手の心の痛みに理解を示しつつも、好機となる面に目を向けてもらえるよう努めました。最終的には何人かの部下から、解雇のプロセスを話し合う相手が私で良かったという感謝の手紙を受け取りました。

今思うと、私は4つのマインドセット転換方法を順番に使っていたのです。

解雇をキャリアの転換点と捉え直し、さらなる成長の糧にできる可能性を指摘しました（硬直からしなやかへ）。

自分がうまく話せそうにないという不安にとらわれず、相手のことを第一に考え、それぞれのニーズに合わせて話を運びました（主役は聞き手）。

今後のキャリアの可能性について部下とやり取りを重ねながら、お互いの発言を認め、そこからさらに発展させていきました（「そう、でも」から「そう、それで」へ）。

上司の決定に対して入り交じった感情や失望の念を抱いても前を向き、部下との建設的な会話を目指しました。部下が落ち込んだままではなく、この先の新しい可能性に意識を向けられるように手助けしました（次の一手に集中）。

ここまで深刻なシチュエーションに限らず、さまざまな場面で誰もがマインドセットを切り替えられます。目の前のチャンスに集中し、よりクリエーティブで朗らかな自己を解放することにより、もっと楽しみを感じられるのです。

ちょっとした変化でも大きな効果を発揮するマインドセットの転換を、ぜひ心がけてみてください。つい身構えるクセから抜け出しましょう。成果に一喜一憂する自分に別れを告げましょう。迷子になることを恐れず、新しい可能性を楽しみにしましょう。

コントロールしたいという欲求と、自己を守ろうとする心の動きを抑えつつ、何事にもオープンな姿勢、好奇心、平常心を養えば、自分らしく輝ける場所を作り出せます。私たち自身の学習と成長のためでもありますが、それ以上に聞き手のためになります。

実践してみよう

1. とっさに受け答えを求められた時のことを考えてみてください。聞き手はあなたから何を学びましたか？　あなたの発言は聞き手にどう役立ちましたか？　いきなり発言を求められた時に、自分にも貢献できる価値があることを思い出すには、どのような方法が考えられますか？
2. なりゆきでやり取りする時、相手に賛同できる部分があるか自問してみてください。そして、相手に賛成したい気持ちになれない理由は何か考えてみましょう。こう自分に問いかけることで、「そう、それで」の受け答えと姿勢に一段と前向きになれます。
3. アドリブでの受け答えが必要とされるシチュエーションを思い浮かべてみてください。そこで生まれる可能性があるビッグチャンスの数々を書き出してみましょう。その中に、予想外のものや、楽しみなものがありますか？　次に、何が一番怖いか書き出してみましょう。得られるチャンスに比べれば大したことはないと思えませんか？

第4章 耳を傾ける──「とにかく話す」が正解とは限らない

何も言わないことが、最適なコミュニケーション方法になったりもします。

コミュニケーションと言えば、たいていの人が話すことを考えます。ところがコミュニケーションを円滑に進めるうえでは、聞くという行為も欠かせません。耳を傾けながら、相手の精神状態や感情にまで注意を向け、得られた情報を自分の発言に生かします。『Making Conversation（未邦訳）』の著者で、デザイン会社IDEOの上級パートナー兼マネジングディレクターだったフレッド・ダストは、実体験に基づき、聞くことの重要性を説きます。[1]

彼は2010年、ギリシャ政府のアドバイザー役に名を連ねていました。ギリシャが財政に深刻な問題を抱え、資金調達を模索していたころです。政府関係者の間では、空港として使われていた海岸沿いの広大な土地を、再開発をもくろむカタール政府に売却する案が検討されていました。首相や閣僚はダストら専門家と会合を開き、こうした計画を進めるべきかについて意見を求めました。

ダスト自身を含め、ほとんどのアドバイザーは、財政破綻を避ける手っ取り早い方法としての土地売却に疑問を持ちませんでした。荒れ果てた昔の空港で、今ではがれきが散乱し、手元に残しても大した価値はなさそうです。カタール政府の土地利用計画は興味深く、有益で、ギリシャ経済に恩恵があるでしょう。

ギリシャ政府もこうした見方で、土地の売却に前向きな様子でした。専門家を招いて意見を聞く機会が設けられたとはいえ、自由闊達な議論を行うというより、専門家の口を借りて売却を正当化し、世論の支持を得ることが、主催者の目的でした。

ダストは計画を支持し、賛成理由を述べるつもりで、会合の場に足を踏み入れました。しかし、話が進むうちに、気になることが出てきました。政府関係者の中には、土地の売却に前向きな人もいましたが、態度を決めかねている人もいたのです。海とともに暮らし、海を愛するアテネ市民にとって、どれだけ貴重な場所かを意識しているように見えました。アテネ近郊に残された浜辺はもう数少なく、これまでの土地開発計画でも公共ビーチが狭められてしまったため、残る土地が売却されると、地元住民の文化や精神にとって重要な場所が失われてしまいます。

「実はこの取引をかなり嫌がっているように感じ取れた」とダストは言います。彼らにとっては「アテネ市民に残された最後の海辺を売り飛ばす」ことに等しかったのです。[2]

発言の順番が回ってきた時、ダストはあらかじめ用意していた意見を述べる代わりに、同席者たちが土地売却計画に感じている懸念を口に出そうと思い立ちました。ギリシャ政府に対し、計画を進めるべきでないとまでは言わなかったものの、全員が完全に同意しているわけではない現状を指摘し、売却によって何が失われるかを説明しました。

カメラの回っている前で予定調和的な流れを覆すのはリスクが高く、彼としてはギリシャ政府に迷惑をかけたいわけでもありませんでした。吐きそうなほど緊張したそうです。それでも自分の直観を信じ、ギリシャ政府が耳を傾けるべきこと、聞けて良かったと思えるはずのことを伝えました。

そこから、ダストにとって予想外の展開が訪れます。休憩時間に入った途端、体格の良い警備員たちに取り囲まれました。とんでもないことをやらかしてしまった、ギリシャから出て行けと言われるのだろう――そう思ったダストですが、何と首相から夕食に誘われ、「あなたが私たちの気持ちを代弁してくれた」と声をかけられました。

ギリシャ政府は結局、カタール政府に土地を売却しませんでした。財政危機を解決しなければならないとはいえ、代々受け継がれてきたアテネの土地や文化を壊すようなまねをせずに済みました。

ギリシャ政府が何を言おうとしているのか、注意深く観察し、耳を傾けた結果、ダストは臨機応変に自分なりの考えを伝えられ、聞き手にポジティブな印象を強く与えました。

私たちは**誰かとやり取りする時、相手の考えや感情、ニーズを浮き彫りにする兆候を見逃しがち**です。その原因は往々にして、物理的ノイズ、生理的ノイズ、心理的ノイズにあります。

騒がしかったり、気が散りやすかったりする環境では、自分の心の声すら聞けず、ましてや相手の考えや気持ちにはなかなか注意が向けられません。

緊張、疲労、空腹など、身体の状態によって集中できないこともあるでしょう。

心理的な要因もあります。人間は耳に入ってきた情報の善し悪しを決めつけたり、口に出そうとする言葉を頭の中でリハーサルしたりします。先入観やうぬぼれがあると、他者の視点を受け止められず、ひとりよがりになってしまいます。

聞くことの力

コミュニケーションで相手と心を通わせるには、注意がそれる原因をなくし、意識を集中させることが重要だと、わかっていただけたと思います。相手が話す内容や話し方に耳

聞くことを邪魔する3つのノイズ

1. **物理的ノイズ**
2. **生理的ノイズ**（緊張、疲労、空腹）
3. **心理的ノイズ**（善し悪しの決めつけ、脳内リハーサル、先入観）

を澄まし、どう受け答えするのが効果的かを見極めましょう。

周囲の状況にも目を向けると、相手の感情、願望、ニーズを浮き彫りにする非言語的なサインや、シチュエーションに関するヒントを得られます。聞き手はあなたの言動にどう反応していますか？　置かれている社会的状況が相互のやり取りにどう影響していますか？　コミュニケーションのどの部分への反応が良く、どの部分への反応が良くありませんか？　聞き手が抱く感情について、どのようなサインが発せられていますか？

これらの問いに答えていこうとすれば、聞き手への配慮と説得力を兼ね備え、より身近に感じてもらえる伝え方ができるようになります。そして新しいチャンスが自分に巡ってきます。信頼関係を構築したり、パートナーを得たり、思いを共有したり、他者の視点への理解を深めたりと、あらゆるチャンスが得られます。

聞き方を学ぶと、それまでには得られなかった情報や知識を発掘でき、多様なパターンの見極め能力が上がります。

米ジョージ・W・ブッシュ政権で大統領報道官を務めたアリ・フライシャーはまさに、耳からの「しみ込み（オズモーシス）」型の学びという形で情報を吸収しました。彼は任務を果たすうえで、**他者の話を注意深く聞いて知見を学び取る方が、ひたすら自分から情報発信し続けるより良い成果を出せる**と気付いたのです。

幅広い政策や議題を扱うため、あらゆるテーマに関して専門家のように振る舞うのは不可能だと、フライシャーは早くから学習していました。不明な点があれば、自分の知識不足を責める代わりに、言語的な情報と非言語的な情報の両方にどっぷりと浸るようにしました。社会保障や防衛といった政策分野で新しい概念に出くわすたびに、記憶にとどめ、情報を蓄積していきました。質疑応答や意見表明など、とっさに必要となる場面で活用できるようにするためです。

要するに、彼は一定のパターンを見出し、新しい情報を既知の事柄と関連付ける作業を行っていました。[3]

講師仲間のアダム・トービンが、テレビ番組制作会社に新企画を売り込みに行った時のエピソードもあります。営業トークを始めて間もなく、先方の担当者からこんな質問が飛んできました。

「これがＳＦ番組ではない理由を説明してください」

持ち込んだ新企画をＳＦとして考えたことなど一切なかったトービンは、不意を突かれました。「ばかげた質問だ」と突っぱねたくなりそうなところ、傾聴と即興に関する知見を生かして歩み寄り、そうした質問が出てくる理由を尋ねました。

すると担当者は、新企画にSF的な要素があるからではなく、過去にSF番組で3本も失敗した上司が神経質になっているからだと説明しました。「上司を説得できる材料が欲しいのだ」とトービンは思い至り、「彼は私が存在すら知らなかった問題を解決しようとしていた」と合点がいきました。[4]

相手の話にしっかりと耳を傾けたトービンは、その時だけでなく、将来的な売り込みにも役立つ情報を得られました。**相手の事情をくみ取ろうとする聞き方によって、チャンスの扉がいっそう大きく開かれた**のです。

耳を傾けることで、相手との関係も築きやすくなります。
ある研究で、二人一組になって一方が話し、他方が聞くという実験が行われました。注意をそらすことの影響を知るため、聞く側の被験者の一部にはスマホにメッセージが送られます。その結果、聞き手が集中して話を聞くペアの方が、話し手の歯切れが良く、不安を感じる度合いが低く、自分の考えを伝えるのに積極的でした。相手に耳を傾けるほど、その人との心理的な距離が縮まるのです。

実際の職場に舞台を移した後続実験では、「話を聞いてもらうことで従業員がリラックスでき、長所と短所の自覚が強まり、身構えずに考えやすくなる」という傾向が明らかになりました。[5]

逆に、相手の話をきちんと聞かないと、せっかくのチャンスを逃します。とんちんかんな受け答え、場違いな反応、不快感を与える発言などにつながる可能性もあります。

相手の話を聞かずに失敗した経験は、誰にでもあるでしょう。解決策が提案された時に、チームメンバーの意見を聞かずに飛びついてしまった。愚痴をこぼしたかっただけのパートナーに、問題解決のアドバイスを与えてしまった。ただ親切にしてくれた相手をデートに誘ってしまった――。

相手が何を伝えようとしているかの本質にもっと注意を払うだけで、日常生活における大小さまざまなすれ違いは避けられます。

傾聴の3つのステップ

ではどうすれば、とっさに受け答えを求められる場面で相手にしっかりと耳を傾けられるでしょうか。

スタンフォード大学で教壇に立つ経営コーチのコリンズ・ドッブズは、学生バスケットボールチームでの経験から、「ペース、スペース、グレース」という3つのステップを編み出しました。[6] 難しい会話に限らず、あらゆるやり取りで傾聴するためのコツです。

3つのステップを具体的に見ていきましょう。

ステップ1 ペースをゆるめる

日々の暮らしで時間に追われる私たちは、考えるのも、話すのも、聞くのもあわただしくなりがちです。対応を急がず、その場に意識を集中すれば、相手が伝えようとしていることを漏らさず受け取れるようになります。

米ラジオ局NPRのジャーナリストだったデブラ・シフリンには、採用面接を担当する時の切り札となる「最後のキラークエスチョン」があります。

面接が終わりに差しかかったところで、「私が何か質問し忘れた大切なことはありませんか」と候補者に尋ねるのです。すぐに答えが返ってくることもありますが、返事がなくても容赦しません。ひたすら待ちます。

候補者はたいてい、それまでの質問ですべてカバーされたと答えます。それでもシフリンは粘り強く待ちます。「面接で最も興味深い発言が飛び出すのはここから」とシフリンは言います。[7]

シフリンは、**黙り込む時間を設ければ**、**会話の主導権が候補者に渡り**、**候補者が自由に発言しやすくなる**と考えます。「そうすることで、向こうから何かを伝えやすい状況が生まれたり、たくさん話した後でもなお、自分自身について聞かれたい質問を言い出せる機会になったりする」

「最後のキラークエスチョン」は、傾聴の第一のステップを具現化したものです。面接のエピソードでわかる通り、ペースを落とすことで、相手に対する関心や敬意を示せます。話の最後に限らず、あらゆるタイミングでゆっくりと耳を傾けるためにできることはいくつもあります。誰かと一緒にテーブルに着いているなら、スマホをどこかにしまいましょう。深呼吸をしてみても良いでしょう。「相手の役に立ちたい」「注意をそらしてはならない大事な場面だ」などと自分に言い聞かせてみることもできます。聞くという行為の重要性をあらためて意識するのも効果的です。

試してみよう
誰かとやり取りする中で、間を置く練習をしてみてください。少しずつ慣れていくために、まずは普段の会話など、ハードルの高くない場面で試してみましょう。

スローダウンというのは、時間をかけることだけを意味しません。**聞いている最中の動作や反応のスピードをゆるめることが大事**です。心の中を落ち着け、何事も早々と決めつけず、能動的に耳を傾けます。こうすることで、話の本質を理解しやすくなり、相手側も「話を聞いてもらえている」と実感できます。

研究者の間では、聞くという行為が「筋肉」にたとえられ、「トレーニング、忍耐、努力、そして何よりも、良い聞き手であろうとする意欲が必要」と指摘されています。[8]

しっかりと耳を傾ける行為の一環として、相手と視線を合わせたり、表情やうなずきで話を聞いていることを明示したり、聞いた内容を頭の中で反芻したり、「はい／いいえ」で答えられないオープンエンドの質問を投げかけてみたりできます。[9] どうしても気が散るなら、集中できる時にあらためて話す機会を設ける対応が考えられるでしょう。

聞く力が高まると、自分や相手の非言語的なコミュニケーションにも敏感になる傾向があります。

傾聴の専門家としてイスラエルのハイファ大学で教壇に立つガイ・イツァコフは、知り合いのカウンセラーの話をもとに、カウンセリング中のカップルが発するわずかなサインから、彼らに生じている変化が読み取れることを教えてくれました。

カップルの片方（男性の場合が多い）が居心地悪く感じると、あたかも逃げ出したいかのごとく、足がドアの方に向くことがあります。口頭での意思表示がなくても、もう片方は意識的あるいは無意識的にサインを察知し、身構えます。やがて、どちらも腕を組んだり、後ずさりしたり、背を丸めたりと、互いにぎこちない様子になっていきます。

私たちは相手の感情が表れる動作に注意すると同時に、自分からどのようなヒントを発しているかに自覚的でなければいけません。[10]

イツァコフはさらに、**人間は非言語的なコミュニケーションを早合点しがちだ**と説明します。人によって解釈が違う可能性があるにもかかわらず、特定の動作の意味を決めつけてしまうのです。「相手にもっと話す時間を与えるべきだ」とイツァコフは助言します。「沈黙を恐れてはならない。深く考えるための時間を誰しも必要とする」

時間をかけて話を聞けば、非言語的なコミュニケーションをよく吟味できます。話し手が本当に抱いている思いが、最初の印象とは異なることが後で判明するかもしれません。

話を聞く時のマインドセットにも大きな影響力があります。私みたいなタイプなら、会話中に何らかの問題が提示されると、つい解決に導きたくなってしまうでしょう。相手の話を聞いているつもりでも、問題解決マインドセットの働きにより、口をはさみたくなってしまうのです。ところがイツァコフはこう指摘します。

「傾聴する姿勢がある人は、問題の解決策が話し手自身の中にあると心得ている」

話を聞くマインドセットを持っていれば、解決策を授けようと焦ることなく、質問を投げかけ、その答えに耳を傾け、さらに質問を重ねるでしょう。「以前にも同じような問題に直面したことがありますか?」「その時にどのようなリソースを使って対処しましたか?」などと問いかけます。傾聴のマインドセットを意識的に持つことで、良い聞き手であるという印象を与えられます。おそらく皆さんはたいていの場合、きちんと話を聞けているのではないでしょうか。

能動的に話を聞くためのスローダウンは、とっさに受け答えを求められる場面のすべてに有効です。

ビジネス関係者との会食で、上司から来客の紹介を求められたら、どのような目的のために聞いてみることができるでしょう。

同僚と雑談している時にフィードバックが欲しいと言われたら、どのような種類のコメントが期待されているのか確認してみましょう。

口説きたい相手がいるなら、その人がデートで行きたいところや、求めている関係のあり方を探れるはずです。

いずれのシチュエーションにおいても、時間をかけ、動作と反応のペースを落とすことで、相手の話への強い関心を示し、新しく関係を築いたり、コミュニケーションを深めたりできます。自分がどう返答すべきかを考えるうえでの大事なヒントも得られます。

試してみよう

何らかのコミュニケーションが行われている動画を再生し、音声はオフにしてみてください。話し手の非言語的なメッセージに注意を向けましょう。目の動きはどう使われていますか？　身振りは伸びやかですか？　それとも、ぎこちないですか？　身体はどちらを向いていますか？　こうしたサインの一つひとつが、言葉で伝えようとしている内容を強めたり、弱めたりします。

ステップ2　思考できる脳内スペースを残す

テック業界のデザイン専門家として名高いボブ・バクスリーは、自分の作品をプレゼンする時、一方的にしゃべり倒したりしません。相手の話をたっぷり聞くようにしています。「その場でフィードバックに応じて即座にデザインし直すことは決してない」と言います。「部下にも同じように指示している。そこはとにかく耳を傾け、メモを取るための場でしかない。聞き取ったことを後で総合的に検討し、理解に努める」[11]

フレッド・ダストのアプローチも同様です。方向転換につながりそうな反応が自分の中に芽生えても、それに流されないようにし、考えるための時間を置きます。「『すぐに反応すべきだ』という強迫観念を持ってはならない」とダストは語っています。

聞くことの効果を高めるために、ペースを落とすだけでなく、耳に入ってきた内容を咀嚼する余裕を持ちましょう。他者の視点を受け入れられるように、時間をかけることはすでに学んできました。そこからは自分の出方を見極め、どう答えれば相手のニーズを最も良く満たせるかをじっくりと考えてみます。

相手から送られてくるシグナルを理解するのに必要な**時間稼ぎには、意図の明確化を目的とした問いかけが使えます。**「どうしてそう思うのですか?」「それがどう役に立ちますか?」「もう少し説明してもらえませんか?」と質問してみましょう。

シフリンが経験してきた通り、質問を発するには若干の度胸が必要です。相手に回答を促せば、会話の主導権を相手に渡す形となり、先の展開が読めずに不安を覚えるかもしれません。しかし、そうして耳に入ってきた情報を頭の中で処理しつつ、相手に注意を向けているサインの発信を怠らなければ、さらなる詳細や判断材料を獲得できます。

試してみよう

一日のうち3回の会話で、相手の意図を明確化するための問いかけを使ってみてください。相手が抱えている問題、分かち合いたい思い、必要とする情報の説明を得ることが、あなたの使命です。相手から詳細を聞き出せるだけでなく、自分が即答を求められているというプレッシャーが弱まる効果も実感できるでしょう。


相手の意図を問いただすことに気が乗らなくても、やってみれば大きな効果が得られるという実体験があります。

スタートアップ企業を率いる75人を対象にコミュニケーションスキルを教えていた時、私は参加者の一人から休憩中に話しかけられ、頼んでもいないのに感想を聞かされました。その男性は私の教材も教え方も気に入らず、「間違っている」「つまらない人間になることを教えている」と批判してきました。

つい身構えたり、適当にあしらったりしそうになりましたが、彼の真意の理解に努める余裕を頭の中に確保しようと思い直しました。そして「この教え方でつまらない人間になってしまうと思う理由は何ですか」と尋ねました。

どんなに耳に痛くても、批判に向き合ってみることにしたのです。話を聞いてみると、たまたま機嫌が悪かったわけでも、嫌味な性格というわけでもなく、私の成功を心から願ってくれているとわかりました。そう気付くと、投げかけられた発言の持つ意味が変わり、もっと真摯に受け止めようという心持ちになりました。

最も大きな問題は、使う教材の順番でした。私は論理的かつ方法論的に正しい順序で知識を習得してもらうつもりでしたが、この男性にとっては進度が遅すぎ、退屈だったのです。参考になるフィードバックでしたが、私が聞き入れる余裕を持たなければ、そこまでの発言を決して引き出せなかったでしょう。

意図を明確化する問いかけに加え、**相手の発言を言い換えてみることも、考えを巡らす余裕を持つための方法として使えます。**相手の言ったことをそのまま繰り返すのではなく、相手から受け取った情報を要約してみせます。

すると、状況に応じてさまざまな効果が生まれます。相手の言っていることを正確に理解したり、感情を共有したり、アイデアを組み合わせたりできるでしょう。話をしっかり聞いていることを相手にも知ってもらえます。そして多くのシチュエーションにおいて、会話の流れから一歩引き下がり、耳に入った情報を頭の中で整理する余力が生まれます。

トービンの言葉を借りると、言い換えることにより、目の前の一瞬がほんの少し長くなります。相手の発言の要約により、「ひとところに一時とどまる」感覚が生まれるのです。「それについての意見や、それが意味するところの議論へと急ぐ前に、少し立ち止まってこの瞬間を味わおう」という具合です。[12] 考えを巡らせる余裕を確保すると、自分と相手の立ち位置を確認でき、話が先走るのを防げます。

考えを巡らす余裕を持つ方法

- 意図を明確化する質問を投げかける
- 聞いた内容を言い換える
- 「言われていないこと」にコメントする

質問や言い換えでは相手が言ったことに意識が向けられますが、考えを巡らす余裕を持つ方法として最後に紹介するのは、**「何が言われていないか」に注意する**ことです。言わずに済まされている部分について質問すれば、聞いた内容を確かめ、話し手の意図をはっきりさせることができます。

この方法が特に役立つのは、誰かから提案や批判が寄せられた時です。これからやって来るチャンスや、起きてしまった過ちの指摘を通じて、チームへの影響を伝えようとしてくれているのかもしれません。

そんな時には例えば、「コストとタイミングを同時に検討しなければならないという指摘はわかりました。私の方ではその相互作用についての考えが抜けていました。そのことによってチーム全体や一人ひとりにどのような影響がありますか？」と問いかけてみましょう。

こう説明を求めれば、相手の心の奥にある強いわだかまりを探り当てられるかもしれません。その思いを理解できると、より生産的で、相手のためになる受け答えにたどり着きやすくなる可能性が出てきます。

「言われていないこと」を問いただすのが会話に有効なシチュエーシ

ョンは他にもあります。私の教え子やクライアントの多くは、話すことに大きな不安を抱えています。何が難しく感じ、何を恐れていて、何が問題なのかを私に訴えてきます。その言葉を受け止めつつ、私はたびたびこう返します。

「話すことが時に精神的な苦痛をもたらすのは確かだけれど、あまり緊張せずにうまく話せた時のことも教えてほしい」

こう質問された側は、不安感に四六時中さいなまれているわけではないと気付くでしょう。そして私の方は、学生やクライアントの発言について考察を深め、より良い返事をするべく準備する余裕を持てます。

ステップ3

情け深さ（グレース）で自分をいたわる

友人のジョンは、数年前にフランス人の祖母を亡くしました。「グランメール」（フランス語で「おばあちゃん」）と呼んで慕い、自分にとって大きな存在だった祖母を弔うために、彼は何かしたいと思い立ちました。

祖母とほとんど面識のない新参の司祭がお葬式で追悼の辞を述べると母から聞いたジョンは、自分に代わってもらえないかと尋ねました。赤の他人からではなく、大切に思っていた人からの言葉こそ、大切な祖母を送り出すのにふさわしいと感じたのです。

葬儀までの2日間、ジョンは非の打ちどころのない弔辞を目指し、何度も推敲を重ねました。紹介するエピソード、全体のトーン、話の流れ、長さ、言葉遣い、どれも完璧を期しました。

そして、自分の思いを余すところなく伝えられ、参列者の心に響きそうな仕上がりになったところで、スピーチ原稿として一語も漏らさず書き留めました。

祖母の葬儀当日、弔辞の順番となり、司祭から呼ばれたジョンは、すっかりあがっていました。100人以上が目の前に座っていて、その多くは見知らぬ人です。壇上に立った彼は、動揺を悟られまいと最大限の努力を払いましたが、講壇の前にたどり着いた途端、もっと大きな問題に直面しました。スーツのポケットにスピーチ原稿が入っていないのです。

彼はもう一度手探りしてみます。心臓が高鳴り、息苦しくなってきましたが、原稿はありません。

弔辞を待つ100人の視線が、ジョンの一身に注がれます。「その瞬間、逃げ出したくなった」とジョンは回想しますが、踏みとどまりました。

親族一同が祖母の死を悲しむ様子を見て、自分は大切な祖母を追悼し、彼女の人生を祝福するためにこの場に立っているのだという認識を新たにしました。そして、即興でやり遂げようと決意を固めました。

ジョンは一生懸命、スピーチ原稿の断片的な記憶をたぐりつつ、その場で思いついた内容を盛り込み、聴衆の反応を見ながらアドリブを加えました。参列者の身じろぎが感じられると、話が脱線しすぎたことに気付き、流れを切り替えました。親族の泣き顔が目に入り、胸がいっぱいでしばらく言葉を継げなくなった時には、無理もないと自分をなぐさめました。

即興で話さざるを得なくなった彼は、**聞くことの効果を最大限に活用**しました。参列者の気持ちに配慮しながら、焦らずに自信を持つよう語りかけてくる自分の心の声からも意識をそらしませんでした。

ジョンは講壇から下りた途端、弔辞が参列者の心を打ったとわかりました。親族から向けられた視線には、感謝の念があふれていました。席に戻ると、母や姉妹がハグで迎えてくれ、手をぎゅっと握ってくれました。

彼のスピーチは完璧でなかったにもかかわらず、いや、むしろ完璧でなかったからこそ、より誠実で意義深いものと受け止められたのです。

事前の準備なしに何かを伝えようとする時、聞くという行為によって板ばさみの状況が生まれます。コミュニケーション相手に注意を向けると同時に、自分の心がささやきかけてくる小さな声にも耳を傾けなければなりません。

対人関係について研究してきたデイビッド・ブラッドフォードとキャロル・ロビンは、

他者と心を通わせようとするなら、内部と外部にそれぞれ向けた「2つの異なるアンテナを使って、2つのシグナルを受信する必要がある」と説きます[13]。つまり、**誰かと会話している時、私たちは2つの会話を並行して行っているのです。相手との会話、そして自分自身との会話です**。どちらもないがしろにできません。

誰かとやり取りする間、私たちは相手に注意を集中させるべきと考えてしまいがちです。そうしなければ聞き手失格だと思ってしまいます。心の中で何かしらの気持ちや価値判断が芽生えても、それに一切取り合うべきではないと信じています。

本当は、少し自分に優しくなって、内なる声にも耳を傾ける方が良いのです。相手から聞き取った情報を、自分の感情や決めつけでかき消してしまうのは、もちろん言語道断です。とはいえ、内心の声を完全に無視すべきでもありません。

これまで学んだことに照らすと、たとえ歓迎したくない感情であっても、自分の気持ちはそのまま受け止めるべきです。感情を可能な限り分析し、パターンを見極め、理由を考えてみる必要があります。

内心の声にとりわけ強い説得力が感じられたら、それに向き合い、場合によっては行動を起こします。会話の途中で「何かがおかしい」とか「もっと裏に何かありそうだ」と直観的に思うことがあるでしょう。その際には、質問を投げかけたり、受け答えの仕方を考え直したり、会話を終わらせたりする対応が考えられます。

自分に情け深くなるというのは、心の動きを常に意識し、それに従って行動することを意味します。

他の人と会話する時に、自分の気持ちを伝える機会を意識的に探しましょう。あなたが参加する中身の濃い議論がこれから3度あるとしたら、少なくとも1度か2度は「先ほどの発言で感じたことがあります」と言って、どのような感想を持ったかの説明に努めてみてください。自分の思いを外に向けて表明すると、内心の声にもっと注意し、耳を傾ける習慣につながります。そうした習慣により、自分の気持ちを受け止めて周りの人と共有するのがうまくなります。

ニーズをくみ取る

2008年に開かれたTEDトークの会場での出来事です。BBCの撮影の下、パネルディスカッションが行われていましたが、技術的な問題で急きょ中断に追い込まれました。BBCの司会が間を持たせるのに苦戦していると、ぎこちない空気が流れます。

その時、聴衆の中からヤジのような声が飛んできました。現場に居合わせた人によると、生放送のような口調で突然「TEDトーク会場から中継していますが、音声もへったくれもありません」と大声が上がり、「テック系イベントなのに、なぜこんなに運営が下手なのでしょう」と茶化してきたそうです。[14]

その声の主は、コメディアンとしても名高かった俳優のロビン・ウィリアムズでした。せっかくの雰囲気を盛り下げまいとしてくれたのです。主催者は強力な助っ人の登場に胸をなで下ろしたことでしょう。

ウィリアムズはステージに上がって即興トークを繰り広げ、物理学者のスティーブン・ホーキング、グーグル、イスラエル、英国王室など、幅広いネタで次々と笑いを誘いました。彼がとっさに繰り出すコメントはおもしろおかしく、主催者が翌日も舞台で何か披露してくれないか尋ねたほどです。

思いがけない場面に遭遇したウィリアムズは、技術的な不具合が解決するまでの間、場を温めておく役目を自ら買って出ました。それがうまくいった原因はどこにあるでしょうか。確かに彼は天才的なコメディアンで、人前に出ることに慣れていました。しかし、誰もが身につけられるはずのスキルも使っていたのです。

トラブルが発生した時点で、ウィリアムズはその場で起きていることを注意深く観察しました。自分の出番だと認識したうえで、他の聴衆の気持ちや思いを察知し、それにちなんだ冗談をひねり出しました。彼はまさに、周囲のニーズと願望をくみ取っていたのです。

私たちは誰でも同じようにできます。これまでの章で学んだ通り、不安をコントロールし、完璧主義を抑制し、アドリブの機会を脅威ではなくチャンスと受け止められれば、コミュニケーションをかなり成功させられます。ただ、**他者と心を通わせるには、相手と自分の両方に意識を向け、耳から聞いた情報と、心の中の声を照らし合わせてみなければなりません。**最も広い意味において聞くという行為を実践しなければ、ウィリアムズのように絶妙なコミュニケーションには到達できません。

つまり「ペース、スペース、グレース」の要素を加える必要があるのです。

実践してみよう

1. 意図を明確化する質問を実際に使ってみたうえで、次の機会に備えて問いかけをいくつか用意してみましょう。例えば「もう少し詳しく説明してもらえますか?」「それで以前どのような経験をしたのですか?」「それを今の取り組みにどう適用できますか?」「それがどう役に立ちますか?」などが考えられます。質問を事前に準備しておけば、いざという時のプレッシャーを軽減できます。

2. 言い換えの練習として、誰か他の人の話やポッドキャスト、インタビューなどを聞き、「つまりこういうことだ」と頭の中で要約してみてください。要点をまとめる習慣がつくまで何度も繰り返します。可能であれば、自分なりのまとめが的を射ているかどうか、話者に確認してみましょう。

3. 信頼できる友人に、自分が他の人の話をきちんと聞けているか尋ねてみてください。どのくらい優れた聞き手だと評価されていますか？ 特定の時期や文脈によって、情報が耳に入ってきやすかったり、逆に耳に入ってきづらかったりしませんか？ 特定の話題だと注意が散漫になったり、相手の話をさえぎって口をはさんだりしていませんか？ 相手の発言と自分の理解がよく食い違っていませんか？ 話を聞けなくて人間関係に支障を来しているなら、相手から定期的にフィードバックをもらえるように頼んでみましょう。

第5章 話を構成する——アドリブにも型はある

急に発言を求められても、「地図」があれば迷子にならず、もっと自由に話せます。

人間には一風変わった能力が備わっています。舌を丸められる人もいれば、一輪車を乗りこなせる人もいます。私は会話に熱中しながらでもまっすぐ後ろに歩けます。キャンパスツアーのガイドとして働いていた時に、この特技を習得しました。

お金に困っていた当時の私にとって、ガイドは実入りの一番良い仕事でした。スタンフォード大学のキャンパスを保護者や入学希望者に案内し、見どころを紹介すると同時に、転んだり、何かにぶつかったりしないように気をつけつつ、後ろへ後ろへと歩みを進める日々でした。

最近では、後ろ歩きしながら流暢に話すワザを披露する機会がめったにありません（ネット上でのコミュニケーションが発達してからは特に）。それでも、ツアーガイドの経験が別の面で役立っています。

数多く学んだことの中で最も貴重なのは、コミュニケーションにおける構成の大切さでしょう。3カ月間のツアーガイド研修では、「決して迷子を出してはならない」と最初に教え込まれました。すなわち見学者に対し、その日の予定や順路を説明しておくことが欠かせません。要するに、あらかじめ決まった枠組みの中でツアーを行うように教えられたのです。

優れたツアーガイドになるためのコツを知れば、とっさの場面での受け答えにどう備えるべきかの考え方が変わるでしょう。

にわかには信じがたいかもしれませんが、突発的なコミュニケーションにも準備はできます。本書ではこれまで、いきなり話すことを求められても動じず、その瞬間に意識を集中させて受け答えする方法を説明してきました。ただ、ある程度は備えておけます。

台本作りや一字一句の暗記ではなく、**より良いコミュニケーションを助ける枠組みと習慣を作り上げる**のです。そのための重要なステップとして、構成が何のためにあり、メッセージをどう組み立てられるのかを検討していきましょう。

私がツアーガイドだった時、「こんにちは、マットです。では行きましょう」としか言わずに出発し、行き当たりばったりでキャンパスを紹介したわけではありません。

まず、これから見学する場所を説明します。そうすることで、逆にどの場所はツアーに含まれないかも明らかになります。さらに全体の所要時間や休憩の有無など、多くの見学者が気になるであろう点にも言及します。

最初に簡単な地図を示し、順路通りに進んでいくと、見学者は迷わずに済むためリラックスでき、ガイドに注意を向け、情報をどんどん吸収できます。先の展開がわからないと、「この後どうなるのだろう」と不安になります。ツアーの冒頭で見通しを明らかにしておけば、ガイドと見学者の両方が細部に目を向けやすくなります。

それぞれバックグラウンドの異なる他者に**自分の考えを伝えたければ、「地図」となり得る枠組みを最初に示し、それに従って話を進めていく**と、成功の確率が大きく上がります。キャンパスツアーと同様、何を期待すべきかを前もって聞き手に把握してもらえます。

だらだらとした話を聞いたり、読んだりした経験を思い出してみてください。どのような気持ちになりましたか？　集中できましたか？　メッセージが明確に伝わってきましたか？　忍耐力の限界がきて、注意が散漫になり、関心を失ってしまいませんでしたか？

あらたまった場でのプレゼンに構成が役立つことは広く知られています。内容を事前に準備する時間がある以上、論理的に説明できるように気を配るべきでしょう。

なりゆきでのコミュニケーションは別物に思えます。唐突に受け答えを求められた時には、なるべく平静を保ち、周りの様子を観察し、恥をかかない程度の発言を絞り出すぐらいしかできないのが常です。その場で必死に考えてアドリブで応じているのに、話をうまく構成して聞き手に見通しを与えるという芸当までやってのけられるでしょうか？

そもそも、あえて型にはまりたいと望むものでしょうか？　決まりきった形式に落とし込もうとすれば、臨場感が失われ、スムーズでも効果的でもない受け答えになるように思えるかもしれません。

構成は、即興でのやり取りの足手まといにはなりません。むしろ、手助けになります。一流のジャズミュージシャンはいい加減な思いつきで音を奏でたりしないのです。暗黙の了解で定められている楽曲構成に従ってアドリブで演奏しています。土台となる曲を覚え、そのメロディーやコード進行に基づいて即興演奏を行うのが一般的です。

曲の形式があらかじめわかっているからこそ、ハーモニーを生かしながらメロディーをアレンジできます。枠組みがあるからこそ、自由な演奏がしやすくなります。型が用意されていれば、曲が聞きやすくなるうえ、演奏の収拾がつかなくなる事態を避けられます。

子どもの遊びも同じです。児童公園の設計を手掛けるメガン・タラロウスキによると、子どもが自由に遊ぶには、ある程度の制約を必要とします。「白紙の状態」に置かれた子ども同士は、暴力的な振る舞いに発展する可能性が高くなります。

「想像力を働かせる手がかりがないと、子どもは互いをおもちゃのように見なす傾向にある」

そう語るタラロウスキは、公園の設計に当たり、「良質な遊びのための枠組み、または舞台」を提供しつつ、子どもが独自の発想で使う余地を十分に残すよう心がけています。それを実現するのが、好きなように動き回れるアスレチックネットや、すべり方を工夫できるすべり台などです[1]。一定のロジックに基づいて遊具を配置し、子どもが遊びながら新しい発見に出会えるように配慮する場合もあります。

ジャズの世界にならって、私たちも**基本的な型をいくつか用意しておくと、いざという時に対応しやすくなる**でしょう。なりゆきでのやり取りですから、台詞をあらかじめ考えておく必要はありません。枠組みをいくつか準備しておき、その場に適したものを選べば、コミュニケーションの効果を難なく高められます。

メモ書きは構成ではない

構成という言葉は時折、話の要点の書き出しと混同されます。言いたいことを箇条書きやスライドにすれば、それで構成ができたと勘違いする人がいます。

誤解しないでください。メモ書きを軽んじるつもりはありません。買い物などには1枚のリストで事足ります。ところが即興性を求められるコミュニケーションにおいては、要点を書き出しても、受け答えが良くなったり、メッセージの説得力が高まったりしません。単なるメモにすぎないのです。

私は構成をこう定義します。

「複数の観念を論理的に結びつける叙述または物語」を「始め・中・終わり」に整理するもの。

とっさの場面で箇条書きに頼ろうとしても意味はありません。トーストマスターズ・インターナショナルで教育設計を担当するスー・スタンリーも同じ考えです。「上手なスピーチの軸には必ず構成がある」と指摘し、「即興かどうかは関係なく、始め・中・終わりの形式にしなければならない。どこを出発点とし、どこを終着点とするのか把握しておく必要がある」と話してくれました。[2]

複数の要素を論理的かつ叙述的に組み合わせた流れという意味では、至るところに構成が使われています。

ポップスの大半に使われる楽曲構成のバリエーションは決して多くありません。有名なのは、Aメロ（A）、サビ（B）、再度Aメロ（A）、再度サビ（B）の流れから、Cメロ（C）に移行し、サビ（B）に戻って終わる「ABABCB」形式です。ティナ・ターナーからレディオヘッド、ケイティ・ペリーに至るまであらゆるヒット曲に使われ、「始め・中・終わり」のロジカルな流れを支えています。[3]

映画や、小説などの文芸作品にも、共通する構成があります。例えば、西洋文学には「ABDCE形式」が存在します。行動（Action）の描写から始め、背景（Backstory）を説明し、登場人物間の対立を発展させ（Develop）、山場（Climax）に持ち込み、締めくくる（Ending）という流れです。この構成でストーリーをたどれば、脈絡のなさに驚かされることはなく、論理的に感じられます。[4]

法的な議論には「アイラック（IRAC）」形式がよく使われます。まず争点（Issue）を明らかにし、適用される法律（Rule）を示したうえで、事実に当てはめて分析し（Analysis）、結論（Conclusion）にたどり着きます。

営業トークに多いのは「問題―解決策―利得」話法です。最初に身近な困りごとを指摘し、次に解決策として製品やサービスを紹介し、購入すると他にどのような利得があるかを最後に伝えます。テレビのコマーシャルでも、「問題―解決策―利得」話法が使われていることがあります。この型については本書のパートIIで詳しく説明します。

ある神学校の生徒が以前、教会で語られる説教には「私（Me）、私たち（We）、汝（Thee）、私たち（We）、私（Me）」の流れが多いと話してくれました。個人の悩みを描写してから（Me）、誰にも共通するものとして一般化し（We）、聖書の中でその悩みを扱った人物や記述から教えを学び（Thee）、聴衆全員に教えに沿った行動を求め（We）、それが一人ひとりの人生において悩みを解決する道だと諭すのです（Me）。

試してみよう

お気に入りの本や音楽がどのような構成になっているか考えてみてください。どの型が使われているかわかりますか？　もっと時間があれば、TEDトークを1、2本視聴し、構成を解き明かしてみましょう。

構成を使う4つのメリット

順序立てた叙述がコミュニケーションを大いに助け、絶大な効果を発揮する理由はどこにあるのでしょうか？　話し手であり、話し方のコーチである私は、きちんとした構成に少なくとも4つのメリットがあると考えています。

メリット1　興味を引きやすくなる

1つ目の利点は、すでに触れたように、聴衆の興味と関心をグッとつかんで離さないことにあります。話の構成により、先の見通しを提供できるだけでなく、複数のテーマをつないだり、次のテーマへと転換させたりできます。教育史を専門とするデイヴィッド・ラバリーは「物語の推進力になる」と言います。

「関心を引き込む筋が一本通っている。論理的な議論をただ追わされるのは知的な格闘に近いのに対し、物語のように編まれていれば、人々がすんなりと引き込まれる」[5]

ツアーガイドだった時、回り終えた場所と、これから回る場所を結びつけて説明しないと、見学者が迷子になってしまうと気付きました。別の対象に興味を引かれたり、見学すべき意義を見出せずに気が散ったり、先のことが心配でじっとしていられなくなったりして、勝手にどこかへ歩いていってしまうのです。

なりゆきでのコミュニケーションでも同じです。**話の一片から次の一片への明確な橋渡しがなければ、聞き手が迷子になり、スマホを手に取ったり、友人とおしゃべりしたり、居眠りしてしまったりします。**

テーマを移す時に「次は」や「ですから」といった言葉をはさむだけでは、論理的に伝えたい内容を十分明確に構成できたとは言えないでしょう。

構成に沿って進むには、テーマ同士のつながりを明示する必要があり、例えば一文にして説明できます。「問題―解決策―利得」話法なら、「問題がわかったところで、簡単に手に入る解決策をお教えしましょう」と話題を転換させられるでしょう。「こうした解決策に資金と手間をかければ、時間とコストを節約できます」などの言い回しも使えます。

最も優れたテーマ転換方法は、それまでの内容をまとめ、次の方向性を示すことです。この方法は、最初に設定された論理的な流れの中で機能します。

唐突に発言を求められた時、出だしで全体の構成をはっきりと示す必要が常にあるわけではありません。明言しなくても、構成の効果は得られます。

「私には夢がある」というキング牧師の有名な演説は、ほぼ即興で考えられたものと言われていますが、「問題―解決策―利得」話法にならっています。しかし、その構成を聴衆にわざわざ説明してはいません。比喩などの修辞法を使いながらテーマを巧みに展開させ、論理的な流れを見事に完成させています。

一般的には、話の長さや事前準備の有無にかかわらず、冒頭で何かしらの道筋を示しておくのが得策と考えられます。とっさの受け答えでも、自分の考えを整理するための方法として、構成が重宝します。

メリット2

頭に残りやすくなる

構成のメリットの2つ目は、話し手と聞き手の両方にとって重要なメッセージの記憶に役立つというものです。

人間は記憶力に長けていません。一度に暗記できるのはせいぜい7桁ぐらいの数字で、複雑な概念を覚えるにはもっと苦労するでしょう。脳は経験したことの大半を忘れるようにできています。大事な事柄だけを抜き出して覚えておくためです。あるジャーナリストは、忘却こそが「脳の初期設定であるのかもしれない」と言い表しました。[6] 私たちは出来事のあらましだけを記憶にとどめ、詳細を忘れてしまいます。

一方で**脳には、しかるべく構成された叙述や物語を求め、享受し、創作し、記憶するという特徴も**あります。

人間が遠い昔の記憶でもエピソードやストーリーとして蓄えておける能力は「エピソード記憶」と呼ばれます。神経科学者のデイヴィッド・イーグルマンは、物語というものが「脳にとって重要な部分にぴったりとはまるようにできている」と説明します。

映画『スター・ウォーズ』シリーズの旧3部作では、主人公のルーク・スカイウォーカーが敵の最終兵器「デス・スター」に開いている小さな穴にミサイルを撃ち込んで全体を破壊するシーンがあります。イーグルマンは物語が脳に及ぼす影響をこれにたとえ、「この小さな穴が人間を支配し、『おやまあ』と思わせたり、笑わせたり、泣かせたり、他者の視点を理解させたりしようとする。私たちがどうコミュニケーションし、他者とどう関わり合うかについて、神経科学から言えることの中核はここにある」と語りました。[7]

話を「始め・中・終わり」の流れで論理的に構成すると、話し手にとっても聞き手にとっても、メッセージが頭に残りやすくなります。授業でのプレゼンを研究対象とした実験では、ごく少数の学生しか物語形式を使わなかったものの、数字の羅列よりストーリー仕立ての方が聞いている側にとって覚えやすいことが判明しました。プレゼン後のアンケート調査では、語られたストーリーを学生の63％が思い出せた半面、挙げられたデータを思い出せた学生は5％にとどまりました。[8]

物語の形式は、抽象的あるいは論理的な理解といった側面だけにとどまらず、感情面でも聞き手との結びつきを強め、情報の記憶を手助けします。スタンフォード大学の神経学者のフランク・ロンゴは次のように話してくれました。

「**物語に感情をかき立てられると、記憶しやすくなるうえ、より興味深く思えてくる**可能性がある。感情は脳内にある注意の機構を活性化できる。私が優れた話し手であれば、注意や記憶の機構に働きかけられるというわけだ。感情という要素がその一助になり得る」[9]

単に情報を並べ立てるのとは違い、ストーリー構成は聞き手との間に情緒面での結びつきを生み、思考の変化を導いたり、感情をなぐさめたり、気分を鼓舞したり、行動を喚起したりできます。[10] 行動科学者のジェニファー・アーカーは「最高のストーリーを語れる人が最高のリーダーになる」と説きます。脳の中で理性と感情をそれぞれ司る部分の両方を活性化させられるからです。[11]

うまく構成されたメッセージは頭に残りやすいため、拡散もされやすくなります。

テック系企業のコミュニケーション・コンサルタントを長年務めてきたレイモンド・ナ

スルは、資金調達に向けたミーティングに臨む経営者の準備を何度も手伝っています。

ベンチャーキャピタルとの面談では、経営者自身の経歴と自社の成り立ちの説明が不可欠です。これらの背景を話すに当たり、事実をただ列挙するのではなく、「始め・中・終わり」で明確に構成するよう、ナスルはアドバイスします。強烈な葛藤を引き起こした出来事を物語の中心に据えれば、締めくくりで解決したと感じられ、聞き手もカタルシスを得られます。

ナスルによると、**ストーリー仕立ての最大の長所は「再現性」にあります**。経営者と面談した担当者が、資金提供の最終決定権を持つとは限りません。ならば担当者は、案件をいったん自社に持ち帰る必要があります。経営者がよく練り上げられたストーリーを語ったのであれば、それが頭に残り、同僚や上司に伝えるのも難しくないでしょう。「人から人へと伝達される過程で何度も繰り返されることにより、単なる物語から神話へと移り変わっていく」とナスルは指摘します。[12]

優れた物語であれば、単に情報を発信するだけでなく、相手にその意義を伝え、新しい発見を促し、エネルギーを吹き込む効果を発揮します。すると、シンプルなストーリーが自然と拡散されていきます。こんなに効果的なワザを使わない手はないはずです。

試してみよう

誰かを説得する必要が生じた時には、ナスルのアドバイスを生かして、伝えたいことを「始め・中・終わり」の明確な構成を伴うストーリーとして組み立てましょう。職場で上司や同僚を説得したり、家庭でティーンエイジャーの子どもに行動をあらためさせたりするシチュエーションが考えられます。最初に問題をはっきりさせ、緊張感を伴う山場を作り、印象的な結末で締めくくると、内容が聞き逃されたり、忘れ去られたりしにくくなります。

メリット3　わかりやすくなる

聞き手の関心をつかみ、内容の記憶を助けるという、構成のメリット2つを紹介してきましたが、3つ目としては情報処理のしやすさが挙げられます。構成をはっきり示しておけば、情報を受け取る側が流れを追うのに役立つからです。

私は本書の執筆に当たり、観光ガイドブック『ニューヨークシティ・フォー・ダミーズ[13]』の著者であるマイカ・キャロルに話を聞きました。有名な「フォー・ダミーズ（愚か者のための)」解説書シリーズには、統一されたフォーマットがあり、読み進むうえでの手がかりや道しるべが本の中にちりばめられています。

このシリーズの目的は、「ウェイファインディング(道探し)」で読者を手助けすることにあります。ハイキングや冒険から派生した概念であるウェイファインディングは、「情報を求めながら、学びの道筋のどこまでを知っていて、どこから知らないのかを把握しようとする行為にも応用できる」と、キャロルが教えてくれました。[14]

突発的なコミュニケーションにおける聞き手も、ウェイファインディングを行っています。最初から最後まで楽に話を追えるようにすれば、聞き手が前後関係を踏まえながら情報を処理しやすくなります。

認知神経科学の研究でも、今聞いていることが全体のどの部分に位置するのかわかってもらうことの重要性が裏付けられています。情報がどれだけ頭の中に入りやすいかの尺度としてよく語られるのが「処理の流暢性」です。人間の脳でランダムに与えられた情報を処理するには一定の努力が必要ですが、何らかの形式で構成されていれば、個々の情報をつなぎ合わせる面倒が省かれ、処理の流暢性が高まります。

神経学者のジョセフ・パルヴィージーはさらに、物語によって脳内にイメージが生まれ、抽象的な概念よりも処理が速くなると説きます。「バイクに代えてポルシェを運転するようなもの」と彼はたとえました。[15] メッセージを運ぶのに、あなたならどちらを使いますか？

試してみよう

最近参加したイベント2つの話を友人にしてみてください。最初に、それぞれのイベントの特徴を挙げます。その後、「比較―対比―結論」形式（2つのイベントがどの点で類似し、どの点で相違するかを述べてから、分析結果に基づいて結論を出す）を使って内容を補強しましょう。この形式を使わない場合と比べて、どのような面で情報が明確になりましたか？

メリット4　話しやすくなる

構成が聞き手の脳内での受け止め方に影響するなら、話し手の脳内での思考にも作用します。そこが4つ目のメリットです。

選ぶ型によって、話そうとする内容が決まってきます。例えば文学の授業で、課題に出ていたシェイクスピアの戯曲『テンペスト』についての考察を求められたとしましょう。

その前の週に読んだ別のシェイクスピア作品と比べるなら、「比較—対比—結論」形式を使えます。

この型を用いないと、2つの作品の類似点と相違点から思考が逸脱してしまうかもしれません。テンペストの感想を言うだけにとどまってしまう可能性があります。あるいは類似点のみを挙げ、相違点の分析をおろそかにしてしまうかもしれません。

型の使用は、思考に規律をもたらす工夫の一つです。論理的な形式にとどまるよう強制されれば、話があちこちに飛ばず、筋の通った議論になります。話し手が何を考えるのか、そのうえで何を話し、何を話さないのか——それを構成が左右します。

型が定まっていると、話を聞く側にとって便利でも、話す側にとっては窮屈だという印象があるかもしれません。むしろ逆です。

即答を求められる時、私たちは「何を話すか」と「どう話すか」の2つの問題に直面します。構成を決めれば、「どう話すか」の問題が片付き、「何を話すか」も固まってきます。

論理に沿って話を進めれば、今はどの部分に言及していて、次はどこへ向かうかを常に認識できます。すると、実際に話す内容を考える精神的余裕が大きくなります。いきなり話さなければならない状況では特に、これが自信にもつながります。「今言っていることが終わったら次は何を口に出そうか」と気をもんで縮こまる必要はありません。「地図」はもう手元にあり、準備は万端です。

「どう話すか」の部分が片付けば話しやすくなることの実証として、私は学生に何でも好きなトピックを挙げてもらいます。トピックが決まったら、私は15秒ほど考え、5分間の即興スピーチを始めます。

15秒間で形式を選び、とにかく話題に当てはめていくのです。話題と聴衆を考慮しながら、「問題―解決策―利得」の説得型、「過去―現在―未来」の時系列型、「比較―対比―結論」の対照型のどれが適しているかを検討します。

こうしてできたスピーチは、最低限の労力しか必要としないわりに伝わりやすくてウケが良く、学生に驚かれます。もちろん、長年コミュニケーションに携わってきた私自身の経験も役に立ってはいますが、とっさの場面でも形式を使えば考えをまとめやすくなることを教え子に実感してもらえています。

型を使いこなせるようになると、創造性と表現力を発揮するチャンスが生まれます。全体の流れの中で今どこを話しているのか常に把握できるため、迷子になることを恐れずに、いったん立ち止まって詳しく説明したり、新しいことを試してみたり、冒険してみたりできます。

即興演劇のベテラン講師のジェームズ・ウィッティントンによると、構成が定められていれば全体像を台無しにする心配がなく、斬新なアイデアを取り入れたり、エピソードやジョークを披露したりという工夫があちこちで生まれます。

当然ながら、クリエーティブな冒険を際限なく追求して良いわけではありません。ウィッティントンの師匠の一人はかつて、即興演劇を高速道路にたとえたそうです。「探索を楽しめる出口はたくさんあるが、どれも目的地ではない。長距離ドライブの途中に小さな街へ寄り道したら、必ずまた高速道路に戻ること。寄り道先で家を建てて家庭を持ってはならない」[16]

型を使うと、話を脱線させたままにする行為や、とりとめなく語り続ける行為は許されません。頭に浮かんだことをどんどん口に出せるわけでもありません。その一方、ちょっとした遊び心を加えたり、試行錯誤してみたり、聴衆の反応を観察したりといった貴重な精神的余裕を確保できるのです。

あらゆる場面に使える型

予定されていたプレゼンがあと数分で始まるというタイミングで、姿を現さない発表担当者の代役を務める必要に迫られたらどうしますか？　ある上場メーカーでマーケティングマネジャーを務めるサラ・ザイトラーの実体験です。

新製品の紹介、既存プロジェクトの進捗報告、企業買収の発表を兼ねたオンライン説明会が大々的に開催され、サラはスピーカーの事前手配と当日の運営を任されていました。

営業スタッフ、子会社の社員、デザイナー、上司、経営幹部を含め、参加者はネット上で200人を超えました。

サラは前もってスピーカー全員分のプレゼン資料を受け取っていました。私用で参加が少し遅れるかもしれないというスピーカーが1人いたので、順番が後の方になるよう調整してありました。

イベント当日、開始からしばらくたってもこのスピーカーは現れず、サラはヒヤヒヤしながら時計を見つめます。プレゼンの順番が近づくにつれ、本人にメールを送り、電話をかけますが、返事はありません。

サラはプレゼン資料に目を通してみました。既存プロジェクトの最新情報を伝える内容ですが、その一環として打ち出される新製品が見事にビジュアル化され、説明文も少し加えられていました。サラは新製品をよく知っていたわけでも、スピーカーがどの切り口で紹介するつもりだったかを把握していたわけでもありませんが、この資料を使って自分が代わりに発表しようと即決しました。

このプレゼンの順番が回ってくると、サラは担当者が家庭の事情で出席できないと説明してから、即興で発表に入りました。「深呼吸をし、口調に自信を込め、素晴らしい出来ばえだったスライドの概要を紹介した」と話すサラですが、アドリブだからと言って、要点の単なる羅列にはとどめませんでした。私が伝授した「**何ーそれが何ーそれで何**」の型を活用しました。

「何―それが何―それで何」の型はシンプルで応用範囲が広く、私の一番のお気に入りです。まず、アイデア、トピック、製品、サービス、意見などの「何」を明らかにします。次に、その重要性、利便性、有用性といった「それが何」を説明します。最後の「それで何」の部分では、ここまでの情報をどう生かし、どのような行動を起こすべきかなどを伝えます。

いきなり任されたプレゼン、採用面接での受け答え、フィードバックの提供をはじめ、あらゆる場面でこの型に抜群の効果があります。本章を読み返してみると、「何―それが何―それで何」の形式でまとめられていることに気付くでしょう。短い前置きの後、構成とはどういうものかを定義し（何）、そのメリットを紹介しました（それが何）。そして今、本書のテーマである「とっさの受け答え」にどう活用すべきかを語っているところです（それで何）。

私は「何―それが何―それで何」の形式を、たった一本で多種多様な用途に対応できる万能ナイフみたいだと思っています。型なんていくつも覚えられないという人は、ぜひこの一つだけでも頭に入れておいてください。

サラは「何―それが何―それで何」の形式に沿って、スライドに書かれている基本情報と主な特徴の紹介から始めました。次に、その特徴や機能がなぜ重要なのかを明らかにし、これから製品ローンチの成功までに何が必要かを指摘して締めくくりました。構成が決まっていたので、サラは内容に集中でき、自信を失わずに話し続けられました。どもったり、つなぎ言葉が余計に入ったりしないよう、語句の切れ目を呼吸のタイミングに合わせることも忘れませんでした。プレゼンを終えた後、堂々たる発表でとても助かったと経営幹部から褒められたそうです。

練習で型を身につける

サラが予想外のシチュエーションにでも飛び込んでいけたのは、「何―それが何―それで何」の型を身につけていたからです。

特定の話題について話すことを求められる見通しが具体的にある人も、そのような場面にいきなり遭遇する可能性に備えておきたい人も、型をいくつか前もって頭に入れておくと焦らずに済むはずです。

具体的なシチュエーションごとに役立つ型の種類はパートⅡで紹介します。ここでは取りあえず、型を使うことに慣れる方法を伝えたいと思います。

別に難しいことはありません。繰り返し、振り返り、フィードバックという練習プロセスを実行するだけです。教則本を読んだだけで、楽器を演奏できるようにはなりません。

幅広く使える定番構成[17]

- **何—それが何—それで何**

  トピックの提示、それが重要である理由の説明、どう活用するかの提案

- **プレップ（PREP）：要点（Point）—理由（Reason）—例（Example）—要点（Point）**

  要点の提示、理由の説明、例示、要点のまとめ

- **問題—解決策—利得**

  問題の提起、解決策の提示、付随する利得の説明

- **比較—対比—結論**

  類似点の指摘、相違点の指摘、結論

- **スター（STAR）：場面（Situation）—課題（Task）—行動（Action）—結果（Result）**

  場面の説明または設定、課題と対策の提示、結果の説明

必ず音を出してみなければなりません。即興で型を使うテクニック習得への最初の一歩も同じです。とにかく何度もやってみましょう。

メディア向けのイベントに向けて準備する時、よくある質問がさまざまな形で聞かれることを想定し、うまく答えをまとめる練習を繰り返すでしょう。即興での受け答えの訓練には、オンラインツールを活用できます。その一例として、トーストマスターズが質問生成ツールを提供しています。グーグルも、面接で聞かれそうな質問をランダムに繰り出すツールを用意しています。[18]

ChatGPTなどの生成ＡＩを使えば、自分が伝えたい内容から「何—それが何—それで何」の型に当てはめた回答例を作成できます。

型を使って話す練習を続けつつ、日記をつけるなどの方法で、自分の努力を振り返ってみると良いでしょう。練習の後もそうですが、特に効果的なのは、実際の会話で型を使ってみた直後の振り返りです。うまくいった点、うまくいかなかった点、次回以降に改善すべき点を考えてみてください。

失敗した部分ばかり気にする人が多いですが、私自身の経験からすると、成功した部分を認識することも大事です。

振り返りを日常的な習慣にしましょう。朝一番、通勤中、就寝前などに、前日や当日の会話を思い返し、自分がどう対応できたか分析してみます。誰と一番気楽に話せましたか？　気負わずにスムーズな会話ができた理由はどこにありましたか？　どの型を使い、なぜそれが適していましたか？　「考えをもっと明確に組み立てられたら良かったのに」と思う場面がありましたか？　より適した型が他にありましたか？　相手の伝えたいことや目的がわかりづらいことがありましたか？　相手はどうすれば型をもっと効果的に活用できたでしょうか？

1週間が終わったら、日記に書いたことを読み返してパターンを把握します。一日のうち特定の時間帯や、特定の相手、特定の状況で、構成を使った話し方がうまくいきやすかったりするかもしれません。その理由を見極め、次にここぞという場面が訪れた時、理想的な環境に近づける工夫をしてみましょう。

試してみよう

新聞や本、雑誌などの活字を読む時、「何―それが何―それで何」の型を使って、短いプレゼンをまとめてみてください。テーマは何ですか？　その情報があなたにとって重要な理由は何ですか？　その情報をこれからどう生かしますか？　こうした練習を通じ、形式に沿って思考を整理することに慣れていきます。すると、形式に沿って発言をまとめるという次のステップへの準備が整います。

自分だけでの振り返りに加え、他の人の意見を取り入れることにも意義があります。信頼でき、正直に答えてくれる人に、フィードバックを求めましょう。型を使った受け答えの上手な部分と下手な部分を質問してみます。どうすれば良いと思うかも聞いてみましょう。「どうでしたか？」という聞き方では率直な意見を引き出せない可能性があるため、「どうすればもっと良くなりますか？」と質問しましょう。

ここまで「何―それが何―それで何」の型ばかり取り上げてきましたが、本書などで紹介されているどの型を使っても構いません。型を手当たり次第すべて身につけようと思う必要はなく、**あなたがよく遭遇する場面に見合った2つか3つの型に絞りましょう。**応用範囲の広い「何―それが何―それで何」や「問題―解決策―利得」に、特定のシチュエーションに適した型を加えてレパートリーとすることをおすすめします。

ここぞという場面への備え

ここ10年間の米国の政治討論会に注目している人なら、おそらくカレン・ダンの姿を見たことがあるでしょう。名の知れた弁護士であると同時に、長年の経験を誇る政治コミュニケーションの専門家で、複数の大統領候補者のアドバイザーを務めた人物です。

私は本書の執筆に向けたリサーチの中で、ダンにインタビューする機会を得ました。討論会のような勝負どころでの優れた受け答えには何が必要か質問したところ、端的な答えが返ってきました。

「準備をしておくこと」

ダンによると、討論会に台本はなく、なりゆきで進行していくものの、展開は大部分において予測可能で、事前の練習が大いに役立ちます。

「たいていの場合、どの議題が持ち上がり、討論相手がどう攻めてくるかの見通しが立つ。司会から投げかけられる質問を想定できれば、相手の出方を予想でき、最も効果的な受け答えを訓練し得る」[19]

ここで重要なのは、自分の発言を細かく決めたり、暗記したりすることではありません。**いくつかの要点、盛り込みたいストーリー、あるいは痛烈な返しを、必要に応じて繰り出せるように訓練し、来るべき事態に備えます。**

「あなたはジャック・ケネディ（ジョン・F・ケネディの愛称）ではない」。1988年の大統領選に向けた討論会で、民主党の副大統領候補のロイド・ベンツェン上院議員が、共和党の副大統領候補のダン・クエール上院議員に放った強烈な一言は、今も忘れられていません。

このような返しは前もって用意されていました。討論会の参加者は、どのタイミングで起きるかまでは見通せなくても、当意即妙な返答やぴったりのジョークが使えそうな展開を予見できます。

大統領候補も副大統領候補も、ある程度の予測可能性に基づき、討論会前に何時間も特訓するのが普通です。対立候補をよく理解している人物を討論相手に据え、本番さながらの予行演習を重ねます。ほとんどの場合、想定質問への回答を一字一句書き留めることはなく、議題を予想し、それに関連した意見やメッセージの要点を頭にたたき込みます。

当意即妙なやり取りにおける準備の重要性を強調するのは、ダンだけではありません。この章で前に紹介したレイモンド・ナスルも、特定の場面で使える印象深いエピソードを思い返し、事前に「ストーリーを蓄積しておく」ようクライアントにアドバイスしています。物語の細部まで暗記するのではなく、**いざという時に語れるストーリーの「カタログ」を用意しておく**のです。[20]

ナスルが指導したテック系企業幹部たちは、必要に応じて使える物語をいくつか準備しています。ある有名な企業トップは、弁才に恵まれていなかったにもかかわらず、訓練によって上手に話せるようになりました。これまでの人生や歴史上の人物のエピソードを蓄えておくことで、「ただ巻き戻して再生すればうまくいくと確信できるようになり、不安がやわらいだ」そうです。

本書ですでに見てきた通り、ガチガチに計画を立て、完璧を目指そうとすると、なりゆきでのやり取りでは裏目に出ます。ただ、台本がないからと言って、何も備えができないわけではありません。

即興で弁が立つ人はむしろ、準備に一生懸命取り組んでいます。不安感を克服し、気持ちを落ち着かせるためのツールを取りそろえています。相手の話を聞き、自分の心に耳を傾けるスキルを養っています。そして、本章で紹介した効果抜群の型を臨機応変に選び、すっきりと整理され、興味をかき立て、記憶に残りやすい形で受け答えできるようにしています。

日常生活で自然と起こる会話に台本はありませんが、政治討論会と同じように、まったくの無秩序でもありません。**自分がどう感じそうか、どのような場面で発言を求められそ**

うか、聴衆が何を聞きたがりそうか、どうすれば説得力をもって伝えられそうかは、往々にして予測可能です。型を知って使いこなす練習は、話し方を上達させる他のステップと同様、ここぞというタイミングで見せ場を作るのに役立ちます。即興での受け答えが楽しくてたまらないという、思いも寄らなかった境地にまで到達できるかもしれません。

実践してみよう

1. あなたが住んでいる場所について、観光客に情報を提供すると想像してみてください。見どころを3つか4つ挙げてみましょう。次に、同じアドバイスを、自分の経験に基づくストーリー仕立てで紹介してみてください。どちらのアプローチの方が説得力が強く、記憶に残りやすく、聞き手の役に立つか検討し、その理由を考察します。

2. 即興演劇の授業で使われる「ストーリー・スパイン（話の筋）」という練習課題があり、自分の話を物語として構成する訓練に使えます。[21] 次のフレーズを使って登場人物、時と場所を設定し、筋書きを立てていきましょう。
   - 「昔々……（登場人物と場所を加える）」

- 「毎日……（日常生活を描写する）」
- 「ところがある日……（出来事）が起きました」
- 「そのせいで……（別の出来事）が起きました」
- （さらに出来事を加える）
- 「しまいには……（最後の行動を加える）」
- 「それからは……（起きた変化を加える）」

この形式を使って、物語を2つか3つ作ってみましょう。物語らしくするコツをつかめましたか？　この練習を重ねれば、とっさにストーリーを組み立てる能力を高められます。

3. この章で取り上げたネット上の質問生成ツールを使い、5つの定番構成のいずれかを実際に使って話してみる練習をしましょう。

第6章 焦点を定める——聞き手の関心を引き込むように

相手にわかりづらい伝え方は禁物。
話の要点から注意がそれないようにしましょう。

事前に用意された発言か、突発的な受け答えかにかかわらず、すっきりと要領を得たコミュニケーションこそが最も効果的です。求められているメッセージを余すところなく聞き手に届け、余計な情報は混ぜません。「支離滅裂」「的外れ」「内容を詰め込みすぎ」「略語を使いすぎ」「回りくどい」という印象を聞き手に与えず、気を散らしたり、退屈させたり、時間を無駄にしたりもしません。

的確に練り上げられたメッセージの最たる例として、アップルの創業者スティーブ・ジョブズがｉＰｏｄを初披露した時のプレゼンが挙げられます。

時は2001年、アップル本社のイベントホールで記者会見が行われました。ジョブズは舞台上で、スマートなデザイン、軽さ、コンパクトさ、容量の大きさといった特徴を熱く語ることもできたはずです。ところが彼は、わずか5つの単語で覚えやすく、必要な情報が凝縮されたフレーズを生み出し、消費者を魅了しました。それが「1000 songs in your pocket（1000曲をあなたのポケットに）」です[1]。

当時の音楽好きの多くは、お気に入りの曲をCDに保存していましたが、持ち歩きにはあまり適していませんでした。iPod以外にもMP3プレーヤーは登場しつつあったものの、保存できるデータ量が限られていました。

アップルが「1000曲をあなたのポケットに」をキャッチコピーとして使い始めると、複数のメッセージがいっぺんに伝わりました。音楽を気軽に楽しみづらい現状に問題提起し、iPodの長所を際立たせ、実用的な価値を伝えるという効果を、たった5つの単語からなるシンプルなフレーズで実現したのです。iPodは大きな人気を集め、音楽の聴き方に革命をもたらしたうえ、ポッドキャストという媒体を発達させました（私が特にありがたく思っている点です）。

日々のコミュニケーションもiPodのマーケティング成功例ほど簡潔に意味を凝縮できたら、と願わずにはいられません。立食パーティーで話し相手の体験談を聞いているはずだったのに、さまざまな余談がはさみ込まれ、そもそも何の話だったのかわからなくなること、よくありませんか？　職場の上司から回りくどく、あいまいな答えしか返ってこないことは？　同僚、店員、友人といった身近な人が、問題を正面から受け止めず、言い訳を並べて責任逃れを試みたり、能書きを垂れてマウントを取ろうとしたり、ひたすら自分語りに終始したりすることは？

話が要領を得ていないことに自分では気付けなくても、相手は気付きます。

私のチームがコーチングを提供してきた人物の一人に、あるゲーム会社の創業者がいます。新作のリリースが近づく中、彼は世間の期待値を高めるべく公開プレゼンを行い、質疑応答に臨みました。すると聴衆の一人から、新作に欠けている機能について質問が上がりました。創業者は20分間かけて、その機能に対する会社の考え方や、エンジニアによる対応の説明に言葉を尽くしました。

彼の答えは誠実かつ包括的で、はっきりとした構成に沿って伝えられました。ところが残念ながら、聴衆のごく一部にしか関わりのない情報であり、主要なターゲット層には響かない内容でした。

その結果、聴衆の大半は数分で話を聞くのをやめてしまいました。創業者はこの時、主要なターゲット層が求めている情報に特化し、その人たちが受け止めやすい形で回答すべきだったのです。そうわかっていれば、「はい、その機能は次回のリリースで追加するつもりです」といった、ごくシンプルな答えが望ましいと認識できたはずです。

焦点の定まったメッセージに必要な4つの要素

メッセージの焦点をぼかさないようにするのに、ジョブズのようなコミュニケーションの天才である必要も、「正解」となる語句を一つひとつ完璧に練り上げる必要もありません。構成と同じように、少しの練習とスキル磨きが大きな効果を生み、とっさの場面でも要領を得た話し方ができるようになります。

私はクライアントや学生と接する中で、焦点の定まったメッセージに必要な4つの要素に気付きました。**「精度」「関連性」「わかりやすさ」「簡潔さ」**です。これらの要素を伸ばす訓練をすれば、聞き手の心をよりしっかりとつかみ、関心を引きつけ、記憶に残りやすい形で伝えられるようになります。

要素1　精度――3つの目的を明確にする

特定の効果や影響をピンポイントで狙う「精度」に欠けると、要領を得たメッセージにはなりません。**精度とは、話す行為によって何を達成したいのかを明確にし、その目的のために発話を組み立てること**を意味します。

そこで問題になるのが「あなたは何を達成したいのか」という点です。多くの場合、そこがぼんやりしていたり、中途半端だったりするものです。そのため、何を言うべきで、何を言わないべきかを的確に判断できません。すると聞き手が集中できなくなったり、混乱したり、退屈極まりないと感じたりしてしまいます。

コミュニケーションの目的を考える時、たいていは伝えたい情報や意見を思い浮かべるでしょう。つまり話の内容です。しかし、聞き手に「知ってほしいこと」は、コミュニケーションの目的の一部分でしかありません。

私たちは聞き手に「感じてほしいこと」や「行ってほしいこと」も考える必要があります。**単にメッセージの意味を伝えるだけでなく、それによってどのような感情、どのような行動を呼び覚ましたいか**という、より幅広いインパクトが目的に含まれます。

これらの3つの目的をはっきりさせておく効果は絶大です。聞き手側の理解を助けるうえ、およそ収拾がつかなくなりそうな状況でもきちんと受け答えできるようになります。目的を設定する時、感情はないがしろにされがちで、どんな行動につなげたいかについても明確な考えが伴わないケースが珍しくありません。

まず感情を取り上げてみましょう。第5章で説明した通り、ストーリー形式は統計や要点の羅列と違い、感情に訴えかけるがゆえに記憶に残りやすく、理解されやすいという性質があります。マーケターも感情のパワーを熟知しています。消費者の気持ちをわしづかみにすれば、販売が伸び、ブランドへの愛着が強まります。

マーケティングを専門とするババ・シブ教授は、ノーベル経済学賞を受賞した行動経済学者ダニエル・カーネマンの理論に基づき、「私たちの判断や行動の90〜95%が、脳の感情システムによって絶えず非意識的に形作られている」との見解を示しました。[2] ある企業を感情面で「とてもひいきにしている」という顧客は、製品に「とても満足」と感じているだけの顧客より、その企業に対する経済的な貢献が50%余り大きいという研究結果もあります。[3]

感情に注意を向ける重要性を説いている私が、直前の段落ではデータや科学的研究を挙げ、理性に訴えかけようとしていたことに、読者の皆さんは気付いたでしょう。ここから軌道修正します。

あなたが職場の会議室にいる場面を想像してください。金曜の夕方5時近く、一刻も早く仕事を終えて週末を楽しみたいところです。この日最後の会議で、上司のプレゼンが行われています。大きな市場機会が目の前にあるという単純明快な議題のはずが、上司はグラフや表をひたすら並べ立てます。次から次へと映し出されるスライドの説明に、どれだけうんざりすることでしょうか。誰かが質問すると、上司はさらにデータを提示し議論を重ねます。「私に何の関係が?」「私にこの情報をどうしろと?」――そう考えてモヤモヤし、つい居眠りしたり、集中力を欠いたりしそうになります。上司からどのような受け止めや対応を期待されているのかわからず、プレゼンの意義が感じられないままでした。

権威ある情報源からのデータや引用を詰め込んだ文章より、感情に訴えるストーリーの方が、説得力がありましたか？

情報と感情に加え、行動という側面も忘れてはなりません。メッセージを伝えることで聞き手にどのような行動を期待するのか、話し手自身がしっかり把握していないケースがしばしば見受けられます。カジュアルな質疑応答に備えて私がトレーニングする起業家の間でも珍しくありません。伝えたい情報（事業目的に関するデータ、強固な実績、今後の成長機会）と、呼び覚ましたい感情（会社に対する関心と期待）がはっきりしていても、どんな行動を求めているのか明確にできていない場合が多いのです。

起業家は事業への「サポート」が欲しいと口をそろえますが、具体的には何を求めているのでしょうか。投資？　ソーシャルメディアでの「いいね」？　会社の良さを広めてくれる味方？　この点を突き詰めて考えてみなければ、聞き手を思い通りに動かすメッセージに磨き上げることはできません。突発的なやり取りにつまずくでしょうし、いくつかメッセージを絞り出しても、ちぐはぐな印象を与えるでしょう。

とっさにうまく話すには、まず頭の中で目的をはっきりさせてください。即興での受け答えが求められそうなシチュエーションが予想されるなら、次の3つの問いに対する答えを数分間で書き出してみましょう。

- 聞き手に何を知ってほしいですか？
- 聞き手にどう感じてほしいですか？
- 聞き手にどのような行動を起こしてほしいですか？

コミュニケーションの成功をどう評価できるかも、自分なりに考えてみます。聞き手が話を理解しましたか？　聞き手がどう感じたかわかるサインがありましたか？　聞き手から一定の資金が集まったり、何らかの行動が一定の頻度で起きたりしましたか？

アドリブで話した後には、あらかじめ設定した目的をどれだけ達成できたか数分間で振り返ってみましょう。3つの目的をすべて達成できましたか？　達成できた理由、達成できなかった理由は？　次はどこを改善しますか？　この練習を何度か繰り返せば、綿密な目的意識をもってコミュニケーションに臨み、事後に成果を徹底分析する習慣がつきます。

試してみよう

いきなり受け答えを求められた時のことを振り返ってみてください。あなたが相手に知ってほしい、感じてほしい、行ってほしいと思ったことは何でしたか？

あなたのメッセージはその目的に適していましたか？

要素2 関連性――聞き手にどう響くかを意識する

クラフトビールの先駆けとなる「サミュエルアダムス・ボストンラガー」を誕生させた起業家のジム・クックには、販売の秘訣があります。事業パートナーとともにボストン・ビール・カンパニーを立ち上げたばかりのころ、近所のバーを一軒ずつ回って営業していました。売れることもありましたが、売れないことの方が多い。彼がその経験を振り返りながら打ち立てた「営業のゴールデンルール（黄金律）」は、「長期的に見て顧客自身のためにならない行動は求めるな」というものです。[4]

この黄金律の根本には、徹底した顧客第一主義があります。「仏教で言う『無我の境地』にビジネスをできるだけ近づけるべき」とクックは説きます。

「私たちのように最初からそうしておけば、ずっと楽にいられる。信頼に基づく忠実な関係を結べる。その関係から取引先が恩恵を受ければ、自分にとっての金銭的な利益にもなる。何よりも、相手の成功を手助けするという考え方により、気分良く売り込みができるようになる」

私欲にとらわれないセールスの第一歩としては、相手のことを知り、どのような問題を抱えているのかを把握しなければなりません。クックは「時間をかけて話を聞き、顧客が何を必要としているのかを理解すべきだ」と語り、「相手が今の状況に陥っている原因がわからなければ、信念や行動は変えられない。一方的な議論になるだけで、説得には至らない」と説明しました。

クックも、バーに飛び込み営業するたびに苦労したと言います。中に入ってから30秒のうちに取引相手の人柄、店舗の特徴、営業状態を見極めなければなりません。商品の売り込み方を決めるのはそれからです。サミュエルアダムス・ボストンラガーが営業先のニーズに合わず、商売の繁盛にも寄与しそうにないと判断したら、無理強いせずに次のバーへと移っていきました。

試してみよう

「何かを誰かに売ってみよう」という有名な即興ゲームでは、ランダムに選ばれた商品を、ランダムに選ばれた人物像に売りつけることがプレーヤーに求められます。商品はスッポン（トイレの吸引具）かもしれませんし、ピアノかもしれません。売りつける相手も警察官、サーカス団のピエロ、幼稚園の先生など、何でもありです。例えば、警察官にスッポン、ピエロにピアノをセールスします。相手を想像し、そのニーズに合わせてコミュニケーションを図る練習になります。あなたが扱っている製品やサービスを3つ選び、それぞれに顧客のタイプを1つずつ設定してみてください。どのように売り込むのがベストだと思いますか？

自分の置かれている状況にぴったりだと感じられるメッセージは、パワフルに響きます。聞き手の状態、願望、ニーズに直接訴えかけ、「私に何の関係があるのか」という心の中の疑問に答えを提供します。

私たちは急に応答を求められると、聞き手を意識した工夫を怠ってしまいがちです。自分が興味を持っているテーマなら、相手もそれなりに関心を持ってくれていると思い込んでしまいます。自分が言いたいことばかりに集中し、聞き手が聞きたいこと、聞くべきことに照準を合わせようとはしません。

意見を言うにも、自分にとって大事な点ばかりをまくし立てます。強い思い入れがあるとなおさら、聞き手に重要性をわかってもらい、共感してもらえる方法を考えるという手順をすっ飛ばしてしまいます。製品やサービスの営業でも同じです。特徴や機能を列挙するばかりで、顧客が抱えている問題や課題の解決にどうつながるかの説明に及びません。

相手に身近に感じてもらえる即興コミュニケーションを目指すなら、聞き手とそのニーズに思いを巡らす習慣をつけましょう。すぐに始められます。**誰かに何かを聞かれたら、真っ先に「この人はどういう人で、何を知りたがっているのだろうか。できるだけ身近に——あるいは興味深く、もしくは切実に——感じてもらうには、どう伝えるべきだろうか」と考えてみてください。**こうして自分と聞き手の間に共通基盤を築いておきます。

とっさに受け答えしなければならない状況が予想されるなら、大まかな質問に答える形で手早く準備しておきましょう。わからないことを調べてみるなど、もう少し念入りに準備しておくこともできます。考えてみるべき問いは次の通りです。

- 自分が一番重要だと思う点や、一番説得力があると思う点が、どうすれば今回の聞き手に最もよく伝わりそうですか？
- 聞き手はこのテーマをどの程度知っていますか？
- 話し手である自分とテーマについて、聞き手はどのような印象を持ちそうですか？

- 反発、懸念、戸惑いが予想される部分はありますか？
- 聞き手はどのような動機でそこにいますか？

例えば、遠くに暮らしている友人の結婚式に出席するとしましょう。友人側の親族のことはよく知らず、結婚相手側の親族には会ったことすらありません。宗教が大きな役割を果たし、年長者が重んじられる環境で友人が育ったという事情はわかっています。仲の良かった友人のため、何日も続く宴席のどこかで、祝辞を求められる可能性がありそうです。

祝辞の準備として、先ほど挙げた質問に答えていきます。

初対面の人も同席している以上、多少の時間を割いて自己紹介をし、友人との関係を説明する必要があるでしょう。

そして、どのような出席者を前に話すことになるかを考えてみます。年長者に敬意を表す文化があるなら、友人のご両親と対面できて光栄に思うという一言を加えると良いかもしれません。

さまざまな年齢や背景の参加者を前に祝辞を述べるなら、どんなジョークだと笑いを誘い、どんな発言だと気まずい雰囲気になるかに注意しましょう。不適切な言動が誰かの気に障るおそれに用心すべきです。

結局のところは、誰もが友人を大切に思う気持ちで参加しているはずですから、心温まるエピソードをいくつか話せるようにしておきましょう。

このような方向性で考えをまとめる作業に少し時間を費やすだけで、いきなり発言を求められた時に大きく報われます。完璧に話せるわけではないかもしれませんが、聞き手のことを一切考えなかった場合に比べて、より意義深く、場にふさわしくなると同時に、誰かに嫌な思いをさせる可能性の低いスピーチになるでしょう。もし、準備のための質問に答えが見つからなかったら、家族のことを友人に尋ねてみるなど、情報集めに動くという選択肢があります。

あえて好奇心や緊張感の高まる瞬間を作ることも、聞き手との共通基盤を構築し、自分の話を身近に感じてもらえるようにする方法の一つです。

ズーム会議で上司から既存製品のアップデート案を出すよう求められたとしましょう。あなたは唐突な指名に面食らったかもしれません。顧客の間でネガティブな評価もあると知っていればなおさらです。それでも目の前の現実から逃げず、自分にとってのチャンスになり得ると考え直しましょう。

返事をする時にまず、顧客から受け取った意外なコメントを3つか4つ挙げ、上司や他の出席者の好奇心をあおってみても良いのです。「どうしてこんなコメントが？」「ベストな対処法は？」「改善や発展につながる機会か？」といった疑問が、聞き手側に湧いてくるでしょう。

顧客の意見が否定的なら、その場の空気が張り詰めるかもしれませんが、「問題にどう対処すべきか」を共通の優先課題として持ち出せば、緊張を好奇心へと転換できます。こう問題提起すれば、チーム全体に切迫感が生まれ、「製品をどう改善できるか」という上司の問いに対する答えを、他の人たちも切実に感じ、関心を共有するようになります。

試してみよう

思わぬタイミングで発言を求められたら、わざと聞き手の好奇心をかき立てる瞬間を設け、身に迫るテーマとして感じてもらえるようにしてみましょう。質問を投げかけられた時に、まず自分の回答がもたらすインパクトや課題を挙げ、聞き手に「それがどうしたのだろう？」と思わせたうえで回答します。質問されたわけではなく、自分から意見を言う場合は、最初に問いを立てて関心を持ってもらい、それに答えていくようにしましょう。例えば、新製品に関して何か言う必要に迫られたなら、「市場に2種類の製品を供給することが果たして得策と言えるでしょうか」という問いかけで話を切り出す方法が考えられます。

先ほどの例は、聞き手に身近な問題として受け止めてもらおうとする時に、抵抗感を持たれる可能性を想定しなければならないことを示唆しています。反感を持たれそうな言葉遣いをやわらげるのが一つの手段となるでしょう。

「反発と、そのあらがい方について考えるうえでは、相手側の心の防衛反応が問題の核心にある」

スタンフォード大学経営大学院で社会心理学を専門とするザカリー・トーマラ教授はそう指摘します。聞き手の自己防衛反応を弱めることが、話し手の課題となります。「分け隔てなく協力的な姿勢で接すれば、たいていは反発が弱まり、チャンスが生まれる。少なくとも、いくらかの融通を利かせてもらえる余地が出てくる」

あらゆる属性や立場の人からの意見を歓迎するという姿勢を強く打ち出すには、**質問を投げかけ、共通基盤を探してみる**と良いかもしれません。「この目標の達成方法を考えたいので、あなたの意見をぜひ聞かせてください」などと声をかけることもできます。

聞き手に身近に感じてもらおうという努力は、メッセージが相手の心に響く可能性を高めます。聞き手の大半は、自分勝手な都合で関心や注意の矛先を変えるというのが現実です。こちらの意見を知りたくて質問してきたように見えても、それは変わりません。面接官はあなたの答えを聞きたがり、同僚はあなたのフィードバックを欲しがり、おめでたい席ではあなたからの祝辞が期待されるでしょう。それなのに、いざ話し始めると注意を払ってもらえないこともあるのです。

聞き手にとって重要に感じられ、聞き手のニーズに合致するコミュニケーションに仕立て上げれば、きちんと耳を傾けてもらえる公算は大きくなります。意思疎通を図る際、「私に何の関係が？」という聞く側の疑問に答えられるようにすると、相手の関心が高まり、メッセージに注意が向けられます。

要素3　わかりやすさ――専門用語や略語は極力使わない

とっさのやり取りで犯しがちなミスの一つに、情報の詰め込みすぎがあります。場を読み、聞き手が受け取りやすい伝達方法を考えてみると同時に、私たちはわかりやすさも心がけられるはずです。複雑さは肝心な時に会話の邪魔になり得ます。

話が込み入る一因は、学識の高さを印象付けなければならないという思い込みにあります。自分がよく知っていることなら相手もわかると錯覚する「知識の呪い」によって、たいていの人に理解不能な言い回しを使ってしまいます。[5]「情熱の呪い」と呼べそうな作用もあります。自分の思い入れが強い話題だと、相手にとっても興味深いはずだと思い込み、長広舌をふるいがちです。

ところが、なりゆきでのコミュニケーションの場合は特に、入り組んだ話が悪影響をもたらします。メッセージが複雑になると、混乱を招き、要点がわかりづらくなります。**こちらが専門家で、相手は素人という位置付けでは、聞き手を心理的に遠ざけてしまう**ことも珍しくありません。そのうえ、意思伝達にかかる時間が無駄に長くなり、聞き手を辟易させたり、退屈させたり、うんざりさせたりしてしまいます。

ＴＥＤトークの標準的な長さは18分とされています。キュレーターのクリス・アンダーソンがかつて語った通り、この尺は「ネット上でも聞き手の注意をそらさない短さで、真剣に受け止めてもらえるだけの厳密さを備えつつ、大事なことを話すだけの長さ」があります。[6] 実際のところ、スピーカーは18分もの時間を必要としません。

『ファクトフルネス』の著者の一人で、ＴＥＤの名スピーカーとしても知られたハンス・ロスリングは２０１２年、１分足らずで聴衆の関心をつかみ、「大事なことを話す」試みを成功させました。しかも、ほぼ即興でやってのけたのです。

「史上最も短いＴＥＤトーク」と銘打たれた動画で、ロスリングはこれから世界の大問題になるであろうテーマとして、人口増に伴う経済的な不平等の変化を取り上げました。彼は7つの石を手に取り、70億人という当時の世界人口に見立てます。飛行機に乗って海外旅行できる層は10億人。石をまず１つ地面に置きます。マイカーを持てる層は10億人。石をもう１つ置きます。次はいっぺんに３つ並べ、貯金すれば自転車やバイクを買える層とします。残りの２つは、お金を貯めてようやく靴を一足買える層です。

現状をこう説明したうえで、ロスリングは世界の人々がより豊かになる未来を描きます。石を並べ替え、社会階層の上方移動を表現してみせます。航空券を買える層の10億人は変わらないものの、自動車を所有できる層と、バイクに手が届く層が、それぞれ30億人にふくらみ、靴しか買えない人はほとんどいなくなる。そして3つの石を追加します。地球上の人口はやがて100億人に達し、全員が上位2つの階層に属するようになります。「問題は、人口100億人の世界で、もともとの富裕層が（以前は貧しかった人々と）合流するつもりがあるかです」

このロスリングの言葉で、トークは締めくくられます。重要な視点が伝わるのに1分もかかりませんでした。彼は「これが史上最も短いTEDトークです」と宣言し、笑みをたたえました。

事実や数字をもっと詰め込む方法もあり得たでしょう。著名な経済学者や専門家の名も挙げられたはずです。人口の増加に関する古典的な理論に言及し、「粗出生率」「倍加時間」「プッシュ・プル理論」といった用語を駆使する選択肢もありました。[7]

しかし、そのような話を素人が聞かされると、余計なところに気をとられ、的外れな議論だと感じるに違いありません。ロスリングは、テーマを身近に感じさせながら、なるべく明快な言葉を使うことにより、聴衆の関心をしっかりとつかんで離しませんでした。

専門用語を減らすには、相手の立場に身を置く習慣をつけましょう。言葉を発する前、あるいは突発的なやり取りが予想されるシチュエーションに入る前、聞き手がどれだけの理解力を備えているか考えてみます。

私は家族内でテクノロジーを話題にする時、「おばあちゃんテスト」と呼ばれている判断基準を使います。年配の母は、最近の電子機器に詳しくありません。専門用語をできるだけ使わず、細々とした技術の説明を最小限にとどめながら使い方を知ってもらうには、どう伝えるべきでしょうか。話し相手が母以外でも、必要以上に複雑な説明で戸惑わせてしまわないよう、このテストを活用しています。

聞き手の理解力がどの程度かわからなければ、少々調べてみましょう。

ブロック玩具メーカーのレゴ社は、まだ文字が読めない子どもにも理解できる説明書の作成で知られています。レゴ社のデザイナーのアンソニー・ダルビーは「どの年齢の子どもが何を理解できるかについての極めて深い知識と理解」が社内で蓄積されていると話します。[8] そのノウハウに基づき、ページごとに何個のブロックを何色で表示するか判断します。社員教育も念入りで、丸1年間に及ぶトレーニングを受けてからでないと、説明書の作成に取りかかれません。

いきなり話さなければならない状況で、このように聞き手に関して深い理解が得られているケースはほとんどないでしょう。それでも「特定の用語や概念になじみがあるか」「どれくらい長く集中できるか」「どのようなコミュニケーション方法を望んでいるか」といった点がわかると役に立ちます。

仕事関連の会合であれば、主催者や訪問先の社員とちょっと雑談するだけで情報が得られる可能性があります。その企業がウェブサイトで使っている表現を調べたり、公開動画でトップ陣や代表者の言い回しを確認したりもできるでしょう。

話す時に略語や余計な情報を詰め込みすぎていないか、定期的にセルフチェックすることをおすすめします。会合や立食パーティーなどのイベントに参加した後、次の2つを自分に問いかけてみてください。専門用語を使いましたか？　メッセージを伝える中で、かみ砕いた説明に時間を割きましたか？

試してみよう

自分が一番よく使う略語、専門用語、業界用語を挙げてみましょう。数日間にわたって、その言葉を発する時に意識し、もっとわかりやすく言い換えられないか考えてみます。その言葉を一日中使わないで過ごすという課題にも挑戦してみましょう。

「難解な概念や深遠な思考を伝えるのが私の役目だ」と、反発を覚える人もいるかもしれません。その場合には、どうすべきでしょうか。いざという時のためにストーリー仕立ての説明を用意しておくことも一案ですが、要点をわかりやすく示す工夫を考えておいても良いでしょう。具体的には、**説明に使えるたとえ話を準備したり、ホワイトボードがあれば図式化したりといった方法**があります。[9]伝えたいことを基本的な概念やステップに分解して理解を助けることもできます。

内容を分解するアプローチは、聞き手の集中力の維持にも役立ちます。あなたの話を聞くつもりがあまりない人は、最初の部分だけに耳を傾け、あとは気をそらしがちです。メッセージをいくつかに分割すれば、スタートを繰り返すような形になるため、聞き手の集中が促され、より多くの部分が記憶されます。[10]

あらかじめ意識しておくべきコツの筆頭は、肝心な情報を一番初めに伝えることです。新聞記者の間では「結論から先に書く」が徹底され、大きな記事では冒頭で要点を明らかにしてから詳細に入ります。軍隊で使われる「BLUF」――すみません、略語です――は「Bottom Line Up Front（最後の結論を最初に）」を意味します。

このような順番で情報を伝えると、重要なポイントを聞き手がすぐに把握でき、細かい情報をつなぎ合わせて理解する手間が省けます。

会議に出席する前に、結論から話す練習をしておけば、本番でより要領良く情報を伝えられるでしょう。とっさに受け答えしなければならない場面でも、「本当に言いたいことは何か」と自分に問いかけてみれば、どの内容を優先するか整理する手がかりになります。

要素4　簡潔さ――切れの良さを忘れずに

妻は育児本で「なるべく短く話す」という教訓を得て以来、事あるごとに私にも忠告してくれます。というのも、子どもが言うことを聞きたがらないと、私は理由を挙げながら延々と諭す羽目に陥りがちなのです。妻はくどくど説明せず、「7時に夕食にします」「部屋を掃除しなさい」と指示するだけ。言葉数を減らせば、口答えのチャンスも減るとわかっていたのです。口げんかになりやすい状況が手っ取り早く効果的に解消され、家庭生活に波風が立ちにくくなりました。

妻は優れた気付きを得ていたのかもしれません。神経学者のジョセフ・パルヴィージーは、**簡潔なメッセージであれば脳内での処理が容易なため、伝わりやすくなる**と教えてくれました[11]。発する言葉を少なくする方が、たいていは相手に届きやすく、集中も維持されやすくなります。

集中力の持続時間がどんどん短くなる今の時代、聞き手は長ったらしいメッセージに付き合う忍耐力をめったに持ち合わせていません。説明、文、言葉の一つひとつが本当に必要か、自問してみなければなりません。比較的シンプルでわかりやすい概念でも、明確さや意味付けを損なうことなく、いっそう効率的に伝える方法があるのではないかと考えてみましょう。

共有された認識を使って言葉数を減らせるパターンはよくあります。図書館や美術館で静かにするというのは常識で、一緒に行く友人にわざわざ伝える必要はありません。同様に、お葬式では故人に敬意を払い、失礼な発言は慎むべきというのも、言わずもがなのはずです。どのように振る舞うべきか、場の雰囲気から自ずとわかるものでしょう。

新聞への連載で受賞歴がある漫画家のヒラリー・プライスは、絵とわずかな台詞だけを頼りに物語を展開させます。雲、植物、家具の一つひとつがコマの中に注意深く配置されてメッセージの伝達に寄与し、言葉も厳選されています。

「使う言葉をなるべく減らし、絵にストーリーを語らせるのが理想です。リンゴを絵で示せるなら、『リンゴ』という言葉は使いません」

最初は多めに言葉を書き入れておいて、推敲時に減らしていくというのが、彼女の創作プロセスです。詰め込む情報をできるだけ少なくし、読み手が自ら解釈する余地を残します。短編漫画を読む喜びは、断片をつなぎ合わせて意味をつかむことにあります。プライスはそれを「『わかっていない状態』から『わかった状態』への移行」と言い表しました。

当然ながら、与える情報が少なすぎると、読者は困惑してしまいます。簡潔さとわかりやすさの絶妙なバランスが、腕前の見せどころです。彼女の場合、情報の49%だけを伝え、残りを読者の解釈に委ねるとうまくいくそうです。

プライスは言葉数を減らすうえで、ある出来事が起こる予兆だけを描き、その後に何が続くかは論理的な帰結として読者の想像に任せるという技法をよく使います。「私が飲み物をあなたにぶちまける様子と、今にも飲み物をぶちまけようとしている様子、どちらの方が見ていておもしろいだろうか」とプライスは問いかけます。もちろん後者です。実際にぶちまける動きや、それに対する登場人物の反応が描かれる必要はありません。「簡潔さこそが英知の真髄である」というシェイクスピアの格言もあれば、「レス・イズ・モア（少ないほど豊かである）」という建築やデザインなどの世界で使われる言葉もあります。プライスの世界では、簡潔さこそがユーモアと娯楽の真髄なのです。メッセージを端的に伝えるには、文脈を活用し、詰め込む情報を最低限に抑えるよう心がけましょう。

事前準備なしに話す時、どれだけ冗長になっているかを自覚すれば、改善もできます。ニューヨーク・タイムズで編集業務に携わるグレン・クレイモンは、より簡潔な表現となるよう、書いた記事を声に出して読んでみることをすすめています。話し手としての私たちは、逆の手を使えます。

どこかの会場やズーム会議で発言した時に、もし誰かが録音していれば、実際にどう言ったかを確かめられ、書き起こし（あるいは録音の聞き直し）で内容を精査できます。無駄な繰り返し、余計な詳細の詰め込みすぎなど、話を長くするクセに気付きましょう。

誰かに質問してもらい、それに対する自分の受け答えを録音し、パターンを分析するという方法もあります。次は同じ失敗を繰り返さないように注意します。定期的に録音をチェックし、自分の進歩を確かめると良いでしょう。

もっと簡単なのは、**ここ1週間にスマホで送ったメッセージの見直し**です。書き言葉ではあっても、たいていはとっさの会話と同じようなもの。あなたの返事は長ったらしかったり、やたらと回数が多かったりしませんか？　相手より言葉数が多くありませんか？どのようなパターンで冗長になりますか？

次の1週間はより少ない言葉で短く、明確に伝えるようにし、相手との関係にどのようなインパクトがあるか観察してみましょう。

「短文チャレンジ」への挑戦も役に立つかもしれません。なりゆきで話さなければならない状況への準備として、一番伝えたいメッセージをツイッター（現X）の一般的な文字制限と同じ140字で書き表してみます。この練習を何度も繰り返せば、メッセージを端的にまとめる能力が上がります。十七音の俳句や、「ショートショート」と呼ばれる掌編小説を書いてみても良いでしょう（信じがたいかもしれませんが、たった6つの単語でストーリーを紡げる人もいます）[12]。20枚のスライドを使って1枚あたり20秒で話す「ペチャクチャ」形式のプレゼンを試してみることもできます。

試してみよう

「短文チャレンジ」と称し、この章の内容を50字以内で要約してください。それができたら、日常生活の他の場面でも「短文チャレンジ」に挑戦してみましょう。

12の単語で言い表される1・8兆ドルの価値

グーグル（現アルファベット）の時価総額は2024年春の時点で1兆8000億ドルを超え、世界のトップクラスにあります[13]。検索エンジン、クラウド、電子機器から人工知能（AI）、量子コンピューターまで手広く事業を展開し、世界に数多くの拠点を置く大企業です。こうした規模と複雑さにもかかわらず、グーグルの経営陣は自らの使命をわずか12の単語で言い表せました。

「to organize the world's information and make it universally accessible and useful（世界中の情報を整理し、世界中の人がアクセスできて使えるようにする）」

これは大半の人にわかりやすい、単純明快なミッションステートメント（企業理念）です。しかし、これほどシンプルな表現への到達は一筋縄ではいきません。

レイモンド・ナスルは2000年代前半にグーグルのコミュニケーション担当ディレクターとして、ミッションステートメントの取りまとめに寄与しました。事業目的をどう伝えるべきかを話し合うため、担当者が月に1度集まり、毎回3時間にわたって会議を開いたと言います。会社が何のために存在するのかを、簡潔で覚えやすく、前向きな響きを持ち、情熱を感じさせる表現にまとめるという難題でした。

「私たちはとても長い期間、一生懸命に取り組み、この仕事に愛情を感じるようになった」とナスルは話します。「くたくたになるまで推敲に推敲を重ねた。全然楽しくはなかったけれど、会社を愛していればこそだった[14]」

何カ月もかけてようやく、共同創業者のラリー・ペイジとセルゲイ・ブリンが満足する表現にたどり着き、ミッションステートメントが完成しました。2023年の本書執筆時点で、グーグルは同じ文言を引き続きウェブサイトに掲載しています[15]。

とっさの受け答えを端的にまとめるのは、傍から見るほど簡単ではありません。この章を読んでも、どうすれば自分にできるようになるのか頭を抱えるかもしれません。

不安感への対処、完璧主義からの脱却、マインドセットの転換、傾聴、話の構成と、本書でここまで取り上げてきたテクニックを高めるだけでも相当大変です。そのうえで、本章で解説する4つの要素にまで気を配ることなどできるでしょうか。相手に集中してもらおうと思っても、あまりに無理をすれば、むしろ自分がメッセージの伝達に集中できなくなってしまわないでしょうか。

そう疑問を持つのはもっともで、私もしかるべき答えを用意しています。焦らないことです。4つの要素を磨き上げれば、メッセージが最高に冴えわたるに違いありませんが、いっぺんに全部できるようになる必要はありません。一度に取り組むのは一つの要素だけにしてみましょう。そこに少し気をつけるだけで、メッセージをいっそうはっきりとパワフルに響かせられます。

目的の達成に固執しない

日々のコミュニケーションに「完璧」はないことを忘れないでください。焦点を定めるというスキルは特にそうです。4つの要素にこだわりすぎてしまうおそれもあります。目的の達成に固執すれば、融通が利かなくなり、その場で求められていることが変わっても柔軟に対応できないでしょう。討論会で他の人からの質問に耳を貸さず、自分の主張ばかりを延々と繰り返す政治家を思い起こしてみてください。

相手に合わせたメッセージを追求しすぎれば、特定の聞き手にしか響かず、その他大勢の関心をまったく集められない可能性があります。

わかりやすさへの配慮が行きすぎれば、話のレベルが下がり、あまりに単純化されてしまうかもしれません。

簡潔さを強く意識するがゆえに、十分な情報が聞き手に伝わらず、何が言いたいのかわかってもらえないリスクもあります。

焦点を定めることをいつも念頭に置き、肝心な部分に聞き手の注意を引きつければ、メッセージの効果は劇的に高まります。私たちは自分の話を聞いてほしい、相手との共通基盤を築きたいと願うものです。聞き手がなるべく耳を傾けやすいようにする責任は、話し手側にあります。こちらの考えを伝えるほど、聞き手から反応を得て学ぶ機会に恵まれ、メッセージをより効果的に響かせる腕前が上がります。

実践してみよう

1. 直近に参加したミーティングを思い起こし、最初は100字、次は50字、最後は25字で要約してみてください。文字数を減らすためにどう工夫しましたか？　専門用語を使わないように気をつけましたか？　簡素化を心がけましたか？　内容の優先度をどう判断しましたか？
2. 自分にとって思い入れがあるテーマを選び、それについて2〜3分で話すように言われたらどう説明するか書き出してみましょう。このテーマに強い関心がある聴衆に話す場合と、予備知識のまったくない聴衆に話す場合をそれぞれ考えてください。聞き手のニーズの違いに応じてどう話し方を変えるか、よく検討してみます。それぞれの聴衆の関心をそらさないようにするため、どちらの場合にどの情報を付け足し、どちらの場合にどの情報を差し引きますか？

3. 子どもの寝かしつけ、トランプのカード切り、得意な料理、ビジネス交渉など、あなたが暮らしの中で行っているやや複雑な行為を1つ選び、他の何かにたとえてみましょう（例えば「子どもを寝かしつけるのは〇〇のようなものです」）。この練習を鏡やカメラの前でも行ってみます。たとえを使うことで、行為をより手短にわかりやすく伝えられましたか？

PART 2

応用編:
6つのシチュエーション

第5章で解説した通り、いきなり上手に話すうえでは、構成を把握しておくことが決定的に重要です。構成は、料理人にとっての下ごしらえのようなものです。

前もってレシピ（つまりは型）を決めて手順をよく考え、必要な材料を切って用意しておけば、あとはその場で調理してお皿に盛りつけていくだけ。もちろん、レシピは状況に応じて選びます（普段の平日の夜ごはんに牛ヒレステーキを振る舞おうとは思わないでしょう）。

パートIIでは、アドリブで受け答えしなければならないことが多い場面を取り上げ、話をまとめる形式としてのシンプルな「レシピ」と、コミュニケーションのさらなるコツを提供します。型の使い方を練習すれば、Think Fast, Talk Smart が実践できるようになります。

パートIが未読の方へ：パートIIから読み始めても構いませんが、ぜひ後ほどパートIにも目を通してください。パートIIは、特定のシチュエーションでの受け答えに役立つ内容です。パートIは、目的や場面を限定せずに、とにかく自信と余裕を持って話せるようになる方法を取り上げています。ここぞという時にアドリブ力を発揮するには、幅広く応用できるテクニックを身につけておく必要があります。

シチュエーション1
雑談

概要——果てしない打ち合いはつらい

人脈作りや社交の場では、会話力がとことん試されるため、尻込みする人も少なくないでしょう。次から次へと相手を変えての世間話にまったく気乗りしない時もあります。会話の最中でも、ほとんどの人は何をどう言うべきか考えあぐねています。賢くておもしろい人間だと印象付けたくても——立食パーティーであれ、社内の集まりであれ、仕事関連の交流会であれ、子どもの学校行事であれ——相手とのやり取りがテニスボールの果てしない打ち合いに思えてしまうかもしれません。

そのような感覚は変えられます。認知の仕方を変化させ、便利な型を活用し、いくつかのコツを頭に入れておけば、何気ない雑談にうまく対処できるだけでなく、会話を心から楽しめるようになります。

取り組む理由——人付き合いに大きなインパクト

雑談なんて取るに足らないことのように思われるかもしれませんが、時に重大なインパクトをもたらします。

第一に、思いがけず共通の関心ごとが見つかるきっかけとなり、相手との関係を新たに築いたり、深めたりできます。[1] 第二に、相手との関係をもっと先に進めていきたいか見極める機会となります。第三に、親切な態度で思いやりを示すことで、友人や同僚から好感を集めたり、自分に対する評価を上げたりできる可能性があります。最後に、あなたが仕事やプライベートで心に抱いている目標を分かち合える仲間を見つけ出すのに役立ちます。

これだけ理由があれば、気後れしている場合ではなく、雑談力を高めるしかありません。話の構成を意識することが第一歩です。

構成——「何—それが何—それで何」

堅苦しくない会話で私がよく使う構成は、第5章で紹介した「**何—それが何—それで何**」の型です。

まず、意見や重要ポイントを明らかにします（**何**）。次に、その情報の重要性を説明し

（**それが何**）、新たな知識に基づく行動を相手に提案します（**それで何**）。

応用範囲が広く、融通を利かせやすいため、雑談にうってつけの形式です。しかも、最後の部分を使って相手に問いかけると、その人に対する共感や関心を示せます。この型自体については第5章で説明済みですので、雑談への応用方法をさっそく見ていきましょう。

「何―それが何―それで何」の使い方は2つあります。まず第一に、会話を始めたり、続けたりしたい時に、3つの質問を相手に投げかけられます。

例えば、「今日の基調講演についてどう思いましたか」（**何**）と尋ねます。相手から答えが返ってきたら、「講演の内容がすぐにどう役立つと思いますか」（**それが何**）と問いを重ねます。

会話が思いがけず興味深い方向へと脱線したら、「何―それが何―それで何」の形式を離れて構いません。ただ、会話の勢いが失われてきたら、「この後予定されている講演者との交流会に参加しますか」（**それで何**）と、3つ目の質問に立ち返ることができます。

この型は、相手から持ち出された話題を発展させたい時にも有効です。

ハイキングなどのアウトドアスポーツ好きを対象とした見本市で、参加者同士の交流イベントが開かれたとしましょう。「どうしてここにいらっしゃったのですか」と話しかけられたら、こう答えられるはずです。

「もう何年もハイキングを趣味にしています（**何**）。けがをせずに長くハイキングを続けたいので、ここで最新の装備やツールを探せると聞いて楽しみにしていました（**それが何**）。あなたもアウトドアによくお出かけですか（**それで何**）？」

「何—それが何—それで何」の型は会話の糸口として便利ですが、雑談力を必ずしも最大限に高められるわけではありません。

雑談の達人になるには、話し手と聞き手という両方の役割に気を配る必要があります。雑談とは、参加者たちが代わる代わる口をはさむ会話に他なりません。こうした一連の会話は、話題の変化に伴って話し手が交代するタイミングによって細分化できます。[2] 雑談を盛り上げていくには、自分が話す順番を最大限に生かす必要があります。

達人への近道として、私が「雑談の第一の掟」と呼ぶ次のことを心がけてください。

主役は相手

「賢くておもしろい人間だと思ってもらわなければ」
「この場を取り仕切らなければ」

そう思い込む人はたくさんいます。すると、会話を支配しようと張り切るあまり、自分のことばかりしゃべってしまいます。

たいていの相手はこちらの話を聞きたいと思ってくれているかもしれませんが、それ以上に話を聞いてもらいたいという思いを強く抱えている可能性があります。こちらが自分語りに没頭すると、うぬぼれ屋で、思いやりがなく、傲慢で、思慮分別に欠けるという印象を与えかねません。「そう思われて結構」と開き直れる人はめったにいないでしょう。

話す順番が回ってくるたびに、自分ではなく、相手を主役に据えましょう。受け答えは学問上、「相手をサポートする返答」と「自分の話題へとシフトする返答」の2種類に分けられます。[3] 上の階の住人がうるさいと友人がこぼした時、「それなら、うちの近所のひどさはもっと信じられないと思うよ。昨晩のパーティーは午前3時過ぎまで続いた」と答えたりするかもしれません。あなたはこの時、相手にもっと話してもらう機会を作らずに、会話のボールを奪い返しています。相手をサポートするなら、共感の言葉をかけたうえで、具体的にどのような迷惑を被り、どう対処したのかを質問しましょう。

話題を自分にシフトする返答をときどき使うのは構いません。相手だってこちらのことを知りたいでしょうし、あなたも「質問をいつもはぐらかす引っ込み思案な秘密主義者」というレッテルを貼られたくないでしょう。とはいえ、あまりに頻繁に会話のボールを奪う過ちを犯している人が数多く存在します。

雑談をうまく運べるようになりたければ、相手をサポートする受け答えにもっと力を入れてみましょう。

結婚支援事業を展開するコミュニケーション・コンサルタントのレイチェル・グリーン

ウォルドによると、そのための方法はいくつもあります。

相手がコメントやエピソードを話したら、こちらから**「何が楽しかったですか？」「え、その後どうなりましたか？」「その時どう思いましたか？」**と問いかけます。こうした声がけが、相手が話をさらに広げたり、深めたりしても構わないという合図になります。自分の同じような経験に話題を引き込もうとせず、相手の話をサポートする姿勢を身につけるほど、無理なく自然に合いの手を入れられるようになります。[4]

私の義母は雑談が黒帯級の腕前で、ちょっとした会話を弾ませて楽しむのがとても上手でした。「もっと話して」を口癖にしていたのが強く印象に残っています。

他の家族はだいたい、会話の順番を譲って聞き役に回るのが苦手で、互いの話を聞かずに全員でいっぺんに話すという有様でした。声の一番大きい人が勝ち、それ以外の意見は通りません。

会話のボールを喜んで譲り、相手に「もっと話して」と言う義母が、どれだけ特異な存在だったかわかってもらえるでしょうか。「もっと話して」という言葉を聞いただけで関係がとても近くなったように思え、彼女が他の人の話から多くを学んでいることにも気付きました。そして、私も見習いたいと考え始めました。

相手を主役に据えることは、会話の始まりと終わりのきっかけ作りにも役立ちます。

誰かと話し始める時に「最近どうですか？」や「お仕事は？」という退屈な常套句を使

うのは避けましょう。会話の出だしを、相手の人柄や考え方に対する関心を示すチャンスと捉え直してください。

その場の様子について質問してみるのは良案です。「青シャツの人がこんなに集まっている光景を見たことがありますか？」とか、「この建物の窓の数をどう思いますか？」という具合に。早々に打ち解けられるよう、相手の人柄や、相手と共通する経験に興味があることを伝えるのです。

雑談の機会があるイベントへの参加予定があれば、会話のきっかけに使える質問をいくつか前もって用意し、相手への思いやりと関心を示せるようにしておくと便利でしょう。

会話のとっかかりとしてお決まりの質問を向けられる側となったら、あわててヒューリスティックで反応しないように気をつけてください（「いかがお過ごしですか」と聞かれて、「まあまあです。そちらは？」と答える会話に醍醐味はありません）。

代わりに、次の質問を引き出すような意外性ある答えを返してみましょう。コツは、自分自身や、自分の関心事についての情報を若干盛り込むことにあります。

「調子はどうですか？」と聞かれたら、「最高です。ちょうど今朝、ジムで自己ベストを更新しました」などと答えてみてください。それについて相手が質問を重ねてきたら、答えてからすぐに相手のことを尋ね、サポートとなる合いの手を入れていきます。

会話を終わらせる時は、相手に感謝の気持ちを伝えると気まずい思いをせずに済みます。

たいていの人は「すみません、飲み物を取りに行かないと」、あるいは「お手洗いに行くので失礼します」と、ただ自分の用事にかこつけて話を終わらせようとします。グリーンウォルドは、その場を離れる理由を説明しつつ、会話を楽しんだサインとして最後にまた一つ質問し、相手への関心をあらためて表明するようアドバイスします。

例えば、次のような問いかけが考えられます。

「そろそろビュッフェ会場に行こうと思いますが、お話できてとても楽しかったです。最後に、話題に出たマラケシュ旅行について一つ質問させてください。いつか行く機会があるかもしれないので、良いレストランを教えていただけませんか？」[5]

グリーンウォルドはこれを「白旗アプローチ」と呼びます。自動車レースでラスト一周になると、係員が白旗を振って合図します。私たちも会話を終える時、同じようにできるはずです。話を聞いてもらいたいという相手の欲求を満たし、話を聞かせてくれたことに感謝すれば、スムーズに締めくくれます。

私の義母は「今まで知らなかったことを教えてくれてありがとう。とても勉強になったわ。もう行かなきゃいけないけど、最後に一つだけ質問させてちょうだい」というふうに、感じ良く伝えてくれたものです。

あなたが出席した仕事関係の集まりで、引っ越しの話題が出たとしましょう。「そこを引っ越し先に選んだ理由をもう少し聞かせてください」とあなたから質問し、相手が答えたら、こう締めくくれるのではないでしょうか。
「それは納得の理由ですね。私はそろそろ向こうにいる同僚のところに戻らなければなりません。参考になるお話をありがとうございました。お話できて楽しかったです」

もう一歩先へ――雑談の掟を守るために

「何―それが何―それで何」の型と、「主役は相手」という掟は、歓談するうえでの基本です。この2つの実践を重ねて習得する過程で、次の点にも気をつけてみましょう。

コツ1　自己開示のレベルを合わせる

相手を主役に据える心がけがいくら大事でも、会話の中で自分のことに言及する必要は当然あります。グリーンウォルドは、相手のサポートと自分へのシフトのバランスを3対1にするよう助言しています。**相手に質問を投げかけつつ、逆に質問される立場になったら、相手のためになる形でこちらから情報提供する**ようにしましょう。

心の奥深いところにある感情や心配ごとに触れるのを恐れるべきではありません。あまりよく知らない人に心を開いても戸惑わせてしまうだろうと臆病になるかもしれませんが、表面的な会話より、深みのある会話の方が、心が満たされ、互いに打ち解けやすくなるという研究結果があります。

また、人はバランスの良い双方向型の意思疎通ができた時に、満足度が最も高まる傾向にあります。雑談をカウンセリングの代わりに使ってはいけない一方、相手を質問攻めにしながら自分は何も語らないというのも許されません。あなたのことを知りたいという欲求と、話を聞いてもらいたいという欲求、相手はその2つを同時に持っているのです。

コツ2　相手を困らせない

ここまで説明してきた通り、相手を会話の主役にするという行為の中心は、質問を投げかけることにあります。そこで、答えづらい質問で相手を困らせたり、怒らせたりしないように気をつけなければなりません。

直接的な質問（例えば「今の会社で何年働いていますか？」）は、採用面接を受けているような気分にさせてしまう可能性があります。回答に制限を設けない**オープンエンドの形で、前向きな話題につながる質問**を選びましょう。例えば「仕事以外ではどのように過ごすのがお好きですか？」と問いかけてみましょう。

オープンエンドの質問を使うと、会話のコントロールの一部を手放すことになります。

相手がどの方向に話を持っていくか予測できません。しかし、そこにこそ意義があります。私たちは相手に対し、会話をともに作り上げていく機会を与えているのです。その方がより良い会話になるはずです。

あまり親しくない人との集まりでは特に、相手の人柄がはっきりとわかるまで、場の空気を読み、話す内容に用心することが大切です。

一例として、あなたにとっては皮肉がユーモアの一種であっても、誰もが好むわけではありません。会話を始めてから打ち解けられるまでは、とりわけ物腰をやわらかく、思いやりをもって接するようにしましょう。

相手の発言から皮肉をおもしろがる様子がうかがえたら、あなたも同調して良いかもしれませんが、あくまで慎重に、口調が相手と合っているかを確認しながらにしましょう。

悪口を言うと、ブーメランのように返ってくるおそれがあり、自分の評判を落とすリスクもあります。相手と打ち解けたくても、ネガティブな言葉ではうまくいきません。

皮肉を言っても大丈夫そうだと判断した場合は、やや自虐的な程度のコメントにとどめておきましょう。**誰か他の人より、自分を笑いものにする方がリスクは低く、相手からも温かい目で見てもらえる可能性が高い**です。コメディアンは「自分いじり」で笑いを取るパターンが多く、あなたにもきっとできます。

「レストランであんなに時間をかけてこんなにまずい料理が出てくるなんて信じられな

い」と感想を伝える代わりに、「パスタをおいしく作れない人が自分以外にもいるなんて安心した」と言ってみてはどうでしょうか。

コツ3　チームプレーヤーになる

私たちは雑談を、自分と相手との対決と捉えてしまうことがあります。テニスネットの向こう側にいる相手からボールを打ち込まれ、ワンバウンドで返さなければならないというイメージです。「この場で一番おもしろい人」の称号を得ようと競い合います。勝つか負けるかのゼロサムゲームで、たった一人の勝者になるための孤独な戦いです。

ところが見方を変えてみることもできます。**雑談はチームスポーツであり、良い結果のために協力し合う必要があると考える**のです。「ハッキーサック」と呼ばれる遊びと同様、ボールを互いに蹴り合い、地面に落ちたら全員が負けというイメージです。

皆さんには想像がつくと思いますが、2つ目のアプローチの方が相手との関係をよりスムーズに構築できます。孤立無援の状態で勝つしかないという肩の荷が下りれば、あまりストレスを感じず、会話を楽しめるでしょう。

ただ、チームスポーツである以上、役目を果たす必要があります。聞き役と話し役の交代を繰り返す中で、相手が次の順番で話しやすくなるように配慮しましょう。話題を変える時には、できる限りわかりやすく合図し、その背景や経緯を伝えるようにします。

具体的な方法としては、**相手から得たコメントを言い換えて繰り返したうえで、次の話題に移る**ことが挙げられます。新しく引っ越してきた人から「この街が大好きだ」という感想を聞けた場合、「ボルチモアからいらした方に気に入ってもらえて嬉しいです。ここへの引っ越し当初に一番驚いたことは何ですか?」などと返せるでしょう。

自分の話を終える時にも、テーマや流れを変える質問を活用できます。顧客獲得の手柄話を披露した後なら、次のように締めくくってみてはどうでしょうか。「私からの良い知らせは以上です。あなたは何か、仕事でもプライベートでも、ここ1週間で嬉しいことがありましたか?」

コツ4　時間をかける

マルチタスクが当たり前となり、選択肢があり余る時代に生きる私たちは、雑談を長時間続けるだけの集中力を欠くことがあります。周囲を見渡して「FOMO」(取り残される不安)に駆られ、他の人との方がもっと実りの多い会話になるのではないかと考えてしまいます。だからと言って焦って話を終わらせようとすると、相手は不愉快に思うかもしれません。せっかく始めた会話を気まぐれで投げ出してしまうと、得られたかもしれない相手との関係や新しい知識を手放すことにもなります。

私も、マッチングアプリですぐに「左スワイプ」する人と同じく罪深い人間です。雑談に集中しきれないというのが、私の最大の欠点です。いつも周りに目が向き、もっと良い話し相手が他にいるのではないかと気になってしまいます。型に当てはめた受け答えをまくし立て、適当な言い訳をつぶやき、その場から立ち去ってしまいます。

これを繰り返してばかりいると、イベント後に徒労感だけが残ります。あちこち動き回ったあげく、会話を十分に深められるだけの時間を誰とも過ごしていないのです。

そわそわし始めても、目の前の会話を左スワイプしたくなる欲求にあらがってみてください。その場に意識をあらためて集中し、耳をしっかり傾けます。相手が即座に打ち解けてあなたを会話に巻き込み、おもしろいことを言えるわけではないと覚えておきましょう。その日出会う一人ひとりについて何か新しい情報を得たり、特定のテーマへの意見を聞いたりするゲームだと思ってみたらどうでしょうか。

生産性の最大化を狙って雑談を意図的に組み立てようとしても無駄です。話を中途半端に切り上げた時に何を失うのかは決してわからないからです。それよりも、肩の力を抜いて集中し、会話の自然な流れを尊重しながら、疲れを感じたり、熱量が下がったりした時点で別れを告げるようにすると良いでしょう。

コツ5 不快感を生むリスクを最小化する

意見が二極化し、議論が白熱しやすくなった世の中では、余計な一言を発してしまうと、厳しい批判を浴びるどころか、もっとひどい目に遭うと怖がる人もいるかもしれません。雑談の目的は、相手との関係を築き、親しみの感情を分かち合うことにあります。波風を立てないように自分の意見を隠すべきだという意味ではありませんが、あらゆる会話が、相手と心を通わせ、共通基盤を見つけるための機会であると意識しましょう。

まず**会話を始める時点で、相手に先入観を抱かないようにする**必要があります。新しいテーマを持ち出す前に、相手の話に耳を傾け、どのような考えを持ち、どこまで心中をさらけ出し、どのような口調で話しているかを見極めます。あなたの受け答えの順番になったら、何かを言い切って相手がリアクションせざるを得ない状況に追い込んだりせず、一般的な質問を使って様子を見ましょう。

例えば、友人宅の立食パーティーで政治に関する話題が出たら、特定の候補者や問題に関する意見をいきなり表明する代わりに、相手の発言に耳を傾けます。そうすれば相手に関する情報が得られ、相手が受け取りやすい形で自分の意見を伝えるよう工夫できます。

言い換えも重宝します。「○○についての意見をもう少し聞かせてください」と伝え、**それまでに聞いた相手の話を言い換えて繰り返せば、自分の意見をはさまずに会話が続き**

ます。こう質問すると、相手がなぜそう考えているのか理解するヒントになり、相手の感情を刺激しない形での受け答えが可能になります。

「プロスポーツチームのマスコットは差別を助長しないものにすべきだ」という持論を展開したところ、相手が真っ向から反対してきたとしましょう。「そんな態度を取るなんて信じられない。とても侮辱的なマスコットがあるのに」と言い放ちたくなるかもしれません。ただ**現実的な話、あなたがその場で相手の考え方を変えられる可能性は低い**です。次のように言って場をなごませつつ、問題に関心を持ってもらうという方法ならあります。

「審判の判定に賛否が分かれる選手同士のように、あなたと私の意見も違うようですね」

口に出す前に考えを巡らし、質問を投げかけ、言い換えを活用すれば、雑談をスムーズに進められ、相手に不快な思いをさせる心配も、逆に相手から不快な思いをさせられる懸念もやわらぎます。

一般的には、反対意見にオープンな態度を伝えられる人ほど、他人と関係を築いて学ぶことに長け、会話での衝突を避けやすいという調査結果が出ています。確かにそうでしょう。相手が話をよく聞いて受け入れる姿勢を見せてくれれば、私たちも相手の言うことにいちいち腹を立てづらくなります。

共通基盤を指摘しつつ、やわらかい言い方のポジティブな受け答えによって相手に理解を示すことで、私たちは「会話における受容」を実践できます。相手のガードを下げられれば、より実のある会話をともに楽しめます。[6] 相手の意見を真剣に聞くつもりであることを最初から明らかにすると、相手からも同様の姿勢を引き出せる可能性が高まります。

シナリオ例

「雑談の第一の掟」を念頭に置きながら、特定の場面での受け答えをどう組み立てるのが良いか見ていきましょう。

シナリオ1

招待を受けて遠くまで足を運んだ結婚式で、同席した初対面の人と世間話が始まり、「どちらからいらっしゃいましたか？」と質問される。

発言の例

「オマハ生まれですが、南の方に引っ越して、今はヒューストンに住んでいます（**何**）。仕事が理由での転居だったとはいえ、スポーツ観戦やおいしい食べ物を満喫していますす（**それが何**）。あなたはテキサス州にいらしたことがありますか（**それで何**）？」

こう答えれば、退屈なワンパターンを避けられ、ちょっとした自己紹介にもなります。同時に、自分だけで話題を独占せずに質問を投げかけることで、相手が会話に加わるきっかけを提供できます。

シナリオ2

専門分野に関する全国的な集まりに出席し、交流会に参加したところ、勤め先も居住地もそれぞれ異なる初対面同士のグループで話すことになる。

発言の例

「マット・エイブラハムズと申します。カリフォルニア州シリコンバレーから来ました（**何**）。今日の講演者のポッドキャストをいくつか聴いたことがあるので、このテーマで話をうかがえるのを楽しみにしてきました（**それが何**）。皆さんは何がきっかけでテーマに興味を持ちましたか（**それで何**）？」

この例では、最後の質問で共通基盤を探っています。グループ全体に反応を促すことで、自分は注目の対象から外れます。

「何」と「それが何」の部分に内容を若干付け加えて、もう少し詳しい自己紹介にすることも可能です。例えば、シリコンバレーに住んでいることをネタにした「自分いじり」で笑いを取れるかもしれません。話題に出したポッドキャストで気に入っているエピソードをいくつか挙げても良いでしょう。ちょっとした情報を加えてみると、相手から覚えてもらえたり、反応を引き出したりできる確率が高まります。

シナリオ3

サンクスギビング（感謝祭）を機に親族などが集まり、たまたま近くに居合わせたのが大叔母さんの隣人。これまで互いに面識はなく、話しかけてもぎこちない雰囲気が流れ、重い沈黙が押し寄せる。目の前にある皿の上にはトウモロコシ料理が乗っかっている。

発言の例

「このトウモロコシ料理、おいしいですね（**何**）。トウモロコシを使った目新しいレシピがないものかといつも探しているんです。ゆでるだけ、焼くだけでも悪くはないですが、何か一工夫加えたくて（**それが何**）。あなたはどんな野菜料理がお好きですか（**それで何**）？」

このように話しかけると、共通体験を印象付けながら、相手が何かしらの意見を持っている可能性の高い話題に引き込めます。相手の受け答えを一度引き出せれば、後は会話が続きやすくなり、さらに質問するための情報を次々と得られます。

最後に——盛り上がらない場の盛り上げ方

この章をちょうどまとめているタイミングで興味深い出来事があり、雑談に関する私の考え方がいっそう明確になりました。がん患者の支援団体の寄付金集めを目的とした夕食会に参加した時のことです。

最初に座っていたテーブルでは、出席者同士の会話が素晴らしく盛り上がりました。8人ほどがテーブルを囲み、全員が熱心に言葉を発しつつ、他の人の話をサポートする受け答えに徹していました。がんが人生に及ぼした影響、住んでいる場所、子どもが通う学校など、話題はあちこちに飛びました。

何度となく笑い合い、学び合い、うなずき合い、微笑み合いました。わずか30分ほどで、3人とリンクトイン上でつながり、もう1人とは一緒にコーヒーを飲みに行く約束をしました。このイベントが終わってもずっと続く関係ができたように思いました。

ところが突然、主催者に肩をたたかれたのです。欠席者が相次いだ別のテーブルの人数が足りないということで、席を移ってほしいと頼まれました。私は承諾し、新しくできた友人たちに別れを告げて、案内された席へと移動しました。残念なことに、このテーブルは雰囲気がまったく違いました。皆が黙り込み、互いの視線を避けながら、ただただ会場の様子をながめていました。

同席者の一人が話し出しても、表面的な会話がつかの間続くばかり。「この夏はどう過ごしましたか？」など、当たりさわりのない質問しか出てこず、それに対する答えも各自に話題を引き込むシフト型ばかりで、会話が発展しません。

私はずっと雑談との向き合い方について考えていたので、ここで実践して会話を助けようと決意しました。「夏はハワイに旅行しました」という声が上がると、他の人が「あら、私はコスタリカに行きましたよ」とかぶせてきて、また話が途切れ途切れになりそうなことが目に見えていました。会話に飛び込み、揺さぶりをかけてみるチャンスです。

「へえ、私と妻は新婚旅行でコスタリカに行ったんですよ」と私は口をはさみ、こう続けました。

「コスタリカ中を回って大好きになりました。特に熱帯雲霧林とケツァール（「世界で一番美しい」と言われる鳥）が印象に残っています。あなたはどの辺りに行かれましたか？　どこが一番おもしろかったですか？」

相手が答えた後、私がサポート型の質問をいくつか投げかけると、鳥が再び話題に上りました。すると他の出席者も会話に参加し、ハクトウワシを見に行った旅のことを話してくれました。

わずか10分ほどで、会話が動き出しました。前の席ほどにぎやかでも、おしゃべりに夢中になるほどでもありませんが、楽しいひとときが訪れました。テーブルに笑いが増え、学び合うことも多くなりました。私はその中の1人からリンクトインでつながりたいと話しかけられ、他にも1組が連絡先を交換していました。

私は別に、雑談テクニックをひけらかしたいわけでも、自分がパーティーに必ず呼ばれるべき人間だと言いたいわけでもありません（私に直すべき欠点があることはもうお伝えしましたね）。アドリブで会話するためのスキル習得にどれだけ効果があるか知ってほしいだけです。

少しの努力によって、自分のパフォーマンスが上達するだけでなく、周囲を幸せにし、交友関係を広げ、相手に心を開いてもらい、そこからさらに学ぶことができます。ワンパターンの反応から抜け出し、受け答えを組み立て、相手をサポートしながら会話を紡いでいけば、雑談を大きな成果につなげられる可能性が出てきます。

もう歓談の場で苦しむ必要はありません。外に出て、さっそく実践してみましょう！

シチュエーション2 祝辞・弔辞・紹介

概要――聞き手の視線が気になる

場に即したスピーチが求められると言えば、祝辞や弔辞のほか、イベントなどでの人物紹介が筆頭に挙げられるでしょう。新製品のローンチ、パネル討論会、結婚式、葬式、食事会など、人生の節目を祝い、功績を称え、誰かを紹介するために人前で話すよう求められる機会はたくさんあります。私たちはつい、自分が聴衆にどう思われるかばかりを気にしがちです。しかし、**あなたのための集まりではありません。**自分以外の人物、チーム、組織について大事なことを伝えるという使命があります。

自身の不安や欲求にとらわれてしまう傾向から抜け出すためには、祝辞、弔辞、紹介の言葉を、その日の聴衆や主役への贈り物と考えてみましょう。

プレゼントを渡す時には、相手が何を好み、求め、必要としているのか考えますが、言葉の贈り物も同じです。受け取る側にとって最も良い形で伝えられるよう、構成を吟味します。相手に理解しづらい贈り物にはしたくないでしょう。贈った言葉をかみしめ、心に留めてほしいと願うはずです。型を使えば、祝辞、弔辞、紹介の焦点がぼやけず、明快かつ簡潔にまとまり、聞き手が望む通り耳に心地良いものとなります。

取り組む理由――ただの義務や必要悪ではない

お祝いの言葉は、義理で言わされているように感じたり、必要悪とすら思えたりする時もありますが、その効果は大きく、多岐にわたります。自分にとって大切な人物、チーム、組織の功績を称える中で、敬意、思いやり、仲間意識、理解を示せます。盛大なイベントの滑り出しで聴衆の関心をつかみ、後に続く登壇者への期待を高められます。お祝いの主役との関係を一段と近づけつつ、聴衆との心理的な距離も縮められます。話の型を使えるようになれば、人前でのスピーチに対する恐怖感が弱まるでしょう。

構成――「きかいに感謝」

お祝いや追悼の言葉を求められた時に役立つ4部形式は次の通りです。「きかいに感謝」

と覚えてください。

- **き＝機会**　どのような機会での集まりかに言及する（例えば、故人をしのぶ会、チームの成果発表会など）
- **か＝関係**　自分との関係や、自分がスピーチを頼まれた理由を説明する
- **い＝逸話（または教訓）**　主役となる人物、グループ、イベントにまつわる印象深い逸話や教訓を、聴衆にとって身近で、場にふさわしく、簡潔なストーリーとして披露する
- （に）**感謝**　主役に対する感謝を伝え、お悔やみの言葉や、ますますの活躍を祈念する言葉などを添える

ここからはステップごとに解説していきます。

ステップ1　機会

集まりの目的を明らかにすることで、聴衆の関心をつかみ、どのような展開になるかの見通しを提供します。聴衆と感情を分かち合い、イベントの意義を伝え、主役を称える流

れへの糸口とします。

発言の例

「本日は、エンターテインメント界で数々の功績を挙げてきたシャンドラさんから、業界のお話や、ブロードウェイ進出を果たした音楽家としての興味深いキャリアをうかがえることになり、たいへん光栄です」

「この結婚式で、私のことをいつも気遣ってくれる特別な存在の二人が結ばれます」

ステップ2　関係

聴衆の中には、あなたがどのような立場にあり、集まりにどう関わりがあるのかを知らない人もいるでしょう。主役との関係を明らかにしながら、人柄や業績の一端を紹介したり、ちょっとしたユーモアをはさんだりすることもできます。

発言の例

「私はジュリアード音楽院で半年間、シャンドラさんとともに声楽を学び、1994年には私たち二人にとってのファーストアルバムを共同制作しました」

「私はご両人と10年以上の付き合いがあり、何を隠そうスタートレックのファンイベントで二人を引き合わせた張本人です。クリンゴン人とロミュラン人が恋に落ちて結婚するなど、誰が想像したでしょうか」

ステップ3　逸話または教訓

ようやく本題に入り、ユーモア、思い、教えなどを盛り込みます。本書で学んださまざまなコツを踏まえつつ、適切な型を選び、的確かつ簡潔なスピーチにしましょう。長さの目安は数分です。数十分にわたって延々と語り続けたりしないように。

発言の例

「聞き慣れたジャズの定番曲に新たな命を吹き込むシャンドラさんの力に、私はいつも感銘を受けてきました。彼女から気付かされたことは数多くありますが、本当の知性を身につけ、心を込めて歌うことで感動を与えられるというのが最も貴重な学びだと思います」

「ご両人が初めて会った時、『エンタープライズ号にトリブルが何匹入るか』が議論になりましたが、二人ともそれぞれ私に、適当なタイミングで話をさえぎって早く帰れるようにしてほしいと頼んできました。どちらも熱心なスタートレックファンなのに、あまり楽しめていなかったみたいです。言うことを聞かなかったあの時の私、よくやった！」

ステップ4　感謝

最後は、集まりの主役や聴衆への感謝で締めくくります。ここでも人柄や業績についての情報を加えられます。

発言の例

「いつも力添えを惜しまず、良き友人でいてくれるシャンドラさんに、私からの感謝を伝えさせてください。本日お越しくださった皆様も、きっと彼女からたくさんのことを学べるに違いありません。それでは、グラミー賞を2度受賞した歌手のシャンドラ・デラコルテさんをお迎えしましょう」

「私にとって、そしてこの場にいる全員にとって、素晴らしい友人でいてくれてありがとう。新たな門出を迎え、スタートレックさながら勇敢に突き進むお二人に、末永い幸せをお祈りします」

もう一歩先へ――好印象を与えるために

とても聞くに堪えない祝辞、弔辞、紹介に耳を傾けざるを得なかった経験が、誰にでもあるのではないでしょうか。そのようなスピーチでは、座がしらけるうえ、関係者全員の評判まで落としてしまうおそれがあります。自分の発言が他の人にどう受け取られるか予測がつかないケースもあるでしょう。それでも次に挙げるコツを参考にすれば、好印象を与える確率を高められます。

コツ1　短く的確に

長い祝辞、弔辞、紹介は出来が悪いと考えてほぼ間違いありません。内容を詰め込みすぎると、話のインパクトが弱まります。スピーカーが他にもいる場合、全体的なバランスも考慮しましょう。一人ひとりの話が長すぎたり、要領を得なかったり、繰り返しが多すぎたりすると、聴衆をイライラさせてしまいます。

「お祝いの言葉が短すぎた」なんて苦情を聞いたことはありません。主役を称賛するのに十分な情報だけに絞りましょう。主役の特別な功績を端的に、そして皆の記憶に残るように挙げれば、それで上出来です。

コツ2

感極まる事態を想定しておく

祝辞、弔辞、紹介のどれをとっても、ポジティブな感情（結婚式、卒業式などの場合）あるいはネガティブな感情（葬式、退職などの場合）がつきまといます。感情がこみ上げてきた時にどう対処するか、あらかじめ考えておきましょう。

動揺を抑えられない可能性があれば、どうしても必要な場合は誰かに交代できるよう話をつけておきましょう。それができなければ、締めくくりの部分だけを言って壇上から退きます。用意した原稿を読み上げたくなるかもしれませんが、感情が大いに高ぶっている時には逆効果です。自分の注意力が散漫になるうえ、聴衆をしらけさせるかもしれません。

スピーチを組み立てる時には、聴衆の心の動きにもできる限り配慮します。結婚式で心温まる話を披露するつもりなのに、余計な他の感情までにじみ出るようなエピソードを選んでいませんか？　一部の聴衆から不興を買うリスクを冒してまで、毒のあるユーモアを言うべきですか？

自らの立場と、聴衆の層の広さを踏まえて、感情をどれだけ表に出すべきかにも注意しましょう。企業が主催するローンチイベントの参加者は、プロジェクトマネジャーが感極まる事態なら「無理もない」と受け止めます。ローンチに向けて多大な情熱を注ぎ込んだのがプロジェクトマネジャーだからです。経営上層部が大げさに感慨にふけるのは空々しく、ちょっとした違和感すら与えます。主役にとってのあなたの立場と、聴衆が想定するあなたの立場に考えを巡らし、節度をわきまえましょう。

コツ3 自分にスポットライトを当てない

その場の主役についてエピソードを語る時、自分にまつわる部分への言及は最低限にとどめましょう。持論を長々と展開すべきでもありません。自分語りが過ぎないかチェックする方法として、「私は」と言いすぎていないか意識してみましょう。「私は」の回数が多いと気付いたら、スポットライトを本来向けるべき主役の話に戻しましょう。

コツ4 エピソードはわかりやすく、場にふさわしいものを

話題に取り残された気分になって喜ぶ人はいません。聴衆のほんの一部にしかわからないエピソードは選ばないようにしましょう。聴衆に適した内容や言葉遣いになるよう気をつけます。どうしても専門用語や略語を使う必要があれば、簡単な説明を加えるように。

コツ5 和をもって貴しとなす

世論の二極化が進み、主義主張に強い思い入れを持つ人が増えています。人間関係を深めたいという目的があれば、他の誰かや集団を人前で称えるスピーチが、共通基盤を探るための時間となります。自分の価値観を曲げることなく、聴衆全員に受け入れられるメッセージを贈りましょう。難しく思えても、真剣に探せば必ずと言って良いほど落としどころを見つけられるというのが私の経験です。

ある部署の統合を祝う場面を想定してみます。この部署を率いる人物の世界観や政治的意見が自分の考えと相容れなくても、トップ個人ではなく、チームが会社の理念を実現したことに目を向けられるはずです。トップの態度や物の見方を当てこするのにふさわしい場ではない可能性があります。

どうしても批判せざるを得ないと思えたり、問題点を避けて話すのは不誠実だと感じたりするなら、他の人にスピーチの機会を譲るべきかもしれません。しかし可能であれば、統合後の部署にあなたが取り入れたい価値観を議論していけるように、まず関係の溝を埋める機会として使ってみてください。そこから、この上司や部署全体と距離を縮め、率直に話せるようになるかもしれません。

コツ6　次の人に花を持たせる

自分の出番では、後に続く人（次のスピーカーや、自分が紹介する登壇者など）の前座になるつもりでいてください。続いて登場する人がうまくパフォーマンスできるように、舞台を整えることを意識します。私はこれを「滑走路を空ける」作業と呼んでいます。次の出番の人がスムーズに羽ばたけるようにするという意味です。

イベント運営に関する情報や当日のプログラムを聴衆に知らせ、先の展開を楽しみにさせるコメントで締めくくり、場を温めます。自分だったらどう紹介されたいかを想像し、そのように話してみましょう。登壇者の紹介を始める前に、次のような説明を入れると良いかもしれません。「ファナさんの興味深いお話が待ち遠しいところですが、彼女の紹介に入る前に、皆さんへお知らせがあります。講演資料は終了後に配布され、お帰りになる前にバーでドリンクと軽食をお楽しみいただけます」

シナリオ例

祝辞、弔辞、紹介と言っても、主役と自分の間にどのような上下関係があるか、公的な場か私的な場か、慶事か弔事かなど、さまざまな要因によって幅広いバリエーションがあり得ます。ここからはシナリオごとに、「きかいに感謝」の型を当てはめてみます。

シナリオ1

10人余りの部下を前に、本社から視察に訪れた上司2人を紹介する。

発言の例

「サイさんとジーンさんはしばらく皆さんと一緒に過ごします（**機会**）。私は3年前からお二人の下で働いており、こうして顔を直接合わせられる機会を楽しみにしています（**関係**）。サイさんとジーンさんが前回こちらにいらした時は、四半期の計画を見直し、取り組みの優先度を話し合いました。今回はその進捗状況をチェックし、本社の意見を伝えるという目的があります（**逸話**）。サイさん、ジーンさん、わざわざお越しくださったことに感謝を申し上げます（**感謝**）」

こう紹介すれば、ただ事情を説明するだけでなく、今回の訪問がどれだけ重要で、どのような内容になるかの見通しを提供できます。

シナリオ2

自分が率いるチームの成果を部下と祝う。

発言の例

「やりました！　この四半期最後の案件を予定より3日早くクローズできました（**機会**）。私はずっと、皆さんがこの案件のために労を惜しまず働く様子を見てきました（**関係**）。3カ月前に案件が持ちかけられた時、この顔ぶれならできると思ってチームメンバーを選んだことを覚えています（**逸話**）。役員を代表して、皆さんが発揮した創意工夫の力と粘り強さを称えます。頑張ってくれてありがとう（**感謝**）」

ここでは、チームワークの成果を強調しつつ、今後にも生かしてほしい取り組み方を伝えるという補足的な効果も達成できています。

シナリオ3

同僚の5年勤続を記念して、一人ずつ順番にお祝いの言葉を求められる。

発言の例

「ティンさん、5年勤続おめでとうございます（**機会**）。さまざまなプロジェクトをともに進めていく中で、たくさんのことを学ばせてもらいました（**関係**）。イベント用のTシャツを一緒に準備した時、サイズと色を間違えてしまいましたよね。私はすっかり気が動転してしまったのに、ティンさんがとても落ち着いて対応してくれました（**逸話**）。ティンさん、いつも良い同僚、メンター、そして友人でいてくれて、ありがとうございます（**感謝**）」

これは、具体的なエピソードで自分を落としつつ相手を持ち上げる一例です。

最後に――スピーチは言葉の贈り物

昔の職場仲間のエドウィナが、少し前にがんで亡くなりました。突然の知らせに私は驚きました。同じコミュニティーカレッジで教えていたころから人望が厚く、大勢の相談に乗ってきたエドウィナは、私にとっても長年のメンターで、生きるうえでの活力や知恵を授けてくれました。

それから数日後、仲間内でエドウィナをしのぶ会がズームで開かれました。参加者一人ひとりが順番に気持ちを語り、懐かしい思い出を披露しました。自分の番になった時、私はエドウィナに対する深い尊敬の念を伝えようと思いましたが、長々と話したり、他の人の感情をむやみに刺激したりすることは望みませんでした。

「きかいに感謝」の型を使って、結局は次のようなスピーチに落ち着きました。

「エドウィナは多種多様な面々から頼りにされる素晴らしい人物でした（**機会**）。私はエドウィナから2つのポジションを引き継いだことがあります（**関係**）。ある時、意思決定の議論が紛糾し、おそらく皆さんもそうだと思いますが、『エドウィナだったらどうするだろう』と考えたことをよく覚えています。私は彼女の振る舞いと物事への取り組み方を参考にし、事態の収拾に一役買えました（**逸話**）。私たちだけに限らず、とても多くの人々に薫陶を与えてきたエドウィナの功績を、皆で心に刻みましょう（**感謝**）」

短いスピーチではありましたが、大事なことを凝縮して伝えられました。構成が決定的に重要という場面ではなく、型を使わなくてもそれなりのスピーチができたかもしれません。とはいえ、型があったからこそ話すことに集中でき、感情に飲み込まれずに済みました。

皆さんも「きかいに感謝」の型を使って、スピーチを負担ではなく、言葉の贈り物と捉え直せるようになってください。

短い人生の中で与える言葉の贈り物は、受け取る側だけでなく、あなた自身にとっても大切なものとなり、心を満たしてくれます。

シチュエーション3 売り込み・説得

概要――相手の考えや行動を変えたい

とっさのやり取りでも、考えやアイデア、意見を単に表明したいだけとは限りません。私たちは説得を通じて相手の考えや行動を変えたいと望みます。同僚には自分の提案を支持してほしい、客には商品を買ってほしい、好きな人には一緒にデートに行ってほしい、子どもには行儀良くしてほしい、隣人には犬をうちの芝生に入れないでほしいと願うでしょう。

説得力を高めるコミュニケーション方法についての本はいくつも書かれており、ぜひ読んでみることを心からおすすめします[1]。しかし、いっそう効果的に訴えかけるには、アドリブで相手に影響を及ぼす方法も把握しておく必要があります。

話す内容を事前に磨き上げるテクニックと、目の前にいる聞き手の特徴やニーズに合わせて臨機応変に伝えるテクニックは別物です。準備と対策を徹底すれば、聞き手が何に心を動かされるか予測できるかもしれませんが、本番で耳を澄まし、発せられる合図を読み取り、「なるほど」と思わせる形でニーズに応えていかなければなりません。

型の使い方をマスターしておけば、場に即した内容に調節する余裕が生まれます。構成は、論理が破綻したり、受け答えが的外れになったりするのを防ぐうえでも役立ちます。

取り組む理由――主張が受け止めやすくなる

自分の説得が相手にどう響いているかに注意を向けると、求められているニーズに応えやすくなります。逆に相手は、こちらの言い分に説得力と真実味を感じ、より強く共感できるようになるため、与えられたメッセージを受け止めやすくなります。その結果、相手から全面的に支持されたり、引き立てられたりする確率が高まります。

構成――「問題―解決策―利得」

相手のニーズを的確に捉え、打てば響くメッセージを発信できるよう、第5章で紹介した「問題―解決策―利得」の型を使ってみましょう。

- **問題**　まず、自分と相手に共通する問題や課題を提起する
- **解決策**　次に、何らかのステップやプロセス、製品、メソッドを解決策として提示する
- **利得**　最後に、解決策に付随する利得を説明する

誰かの説得が必要になる場面で、この型を広く応用できます。ここからは3つのステップの詳細を見ていきましょう。

ステップ1　問題を提起する

目の前にある問題を、聞き手にわかりやすい形で、なるべく明確かつ簡潔に示します。現状改善の糸口や、新たな挑戦の機会と位置付けて、問題をポジティブに捉えられる場合もあるでしょう。そうでなければ、憂うべき現状や、悩みの種として、対処の必要性をより直接的に説きます。過去にどのような問題提起で相手の関心をうまく引きつけられたか、下準備として調べておくこともできるはずです。

発言の例

夕食会で会った友人に、ホームレス問題への対応が必要だとわかってほしいなら――「ニュースで取り上げられている通り、私たちの街にこの問題が広がっているんですよ」

職場で態度をあらためてほしい同僚がいるなら――「せっかくの努力も認められず、チームに見放されたままで構わないのか」

問題や機会を明らかにする際には、どのような証拠が聞き手に一番納得してもらいやすいか考えてみてください。データが重視されるなら、主張を裏付ける統計を用意します。具体例が好まれるなら、ストーリーやエピソードを披露したり、実演を行ったりします。問題を率直に突きつけられるスタイルを好む人もいれば、ユーモアを交えたりして穏便に指摘してほしいという人もいるでしょう。

第6章で触れた通り、相手との共通基盤の構築が重要になります。そのために、次の基本的な問いに答えてみましょう。

- 聞き手の大多数にとって、その問題はすでになじみがありますか？　それとも初耳ですか？
- そのテーマは聞き手一人ひとりにどう関係していますか？

背景情報を若干交えたり、よく知られている言葉を使ったり、各自との関わりを指摘したりすると、問題をより身近に感じてもらえます。

問題を提起する際に、これまで解決を阻害してきた要因を挙げることもできます。テスラのイーロン・マスク最高経営責任者（CEO）は蓄電池「パワーウォール」の紹介で、化石燃料の燃焼などによる地球温暖化に言及するだけでなく、ソーラーパネルの普及が進んでこなかった理由を指摘しました。太陽光による発電量は不安定なため、蓄電池が必要とされるものの、従来の蓄電技術では不十分だったというわけです。

解決が不可能とされてきた原因を付け加えると、問題の難しさがいっそう鮮明になり、これから自分が提示する解決策（つまり、提起された課題すべてに対応できる解決策）の説得力が高まります。[2]

ステップ2　解決策を提示する

明らかになった問題や機会に対して、実現可能かつ妥当な解決策を提示します。第6章を参照し、聞き手に要点を簡潔にわかりやすく伝えましょう。複雑な解決策である場合、内容をいくつかに分割して理解を助けます。

発言の例

「最近の取り組みをモデルにした政策アプローチの多くで、自治体と地元企業が連携しています。このやり方を導入すれば、住む場所を失った人の雇用機会を拡大し、自立を支援できます」

「目標への進歩を可視化するダッシュボードを作ろう。週次ミーティング前に皆と共有すれば、自分の仕事の価値をチーム全体にわかってもらえるに違いない」

ステップ3　利得を説明する

解決策によって生まれる利得を見極め、重要性や価値の大きいものから順番に挙げていきます。

発言の例

「ホームレス問題への理解を深め、企業と自治体の間で地元に根ざした関係を促進すれば、より多くの人が住居と必要な支援を得られるだけでなく、地域社会の結束を強め、共同での取り組みを一段と拡大できます」

「自分の価値を明らかにすれば、チームとの関係が強まるうえ、働きぶりが認められやすくなって、昇進も夢ではなくなる」

解決策が強い反発を招きそうな場合や、問題の捉え方に異議が唱えられそうな場合は、ステップの順番を変えても構いません。次の通り、問題より利得を先に挙げる方が説得力を持つ場合もあります。

「生産コストを下げつつ売り上げを増やすことは可能でしょうか（**利得**）。1社のサプライヤーに頼りきっている現状が、その実現を阻んでいます（**問題**）。サプライヤーを2社にすれば、売り上げとコスト効率の目標を手っ取り早く同時に達成できます（**解決策**）」

おまけの型

相手の説得に役立つ形式は他にもあります。起業からまだ間もない時期に投資家を呼び込みたいというシチュエーションでは、次のような表現を使えるでしょう。

「〜できるとしたら、どうでしょうか」

「～が可能になります」
「例えば」
「それだけではありません」

発言の例

「顧客からの注文をより効率的にさばきながら、よりきめ細かいサービスを提供で**きるとしたら、どうでしょうか。**顧客は商品、御社は支払いの迅速な受け取り**が可能になります。例えば**XYZ社の場合、弊社のプラットフォームを使って納期を50％短縮でき、支払いを1週間早く受け取れるようになったうえ、顧客の満足度が高まりました。**それだけではありません。**弊社が収集し、分析するデータによって、顧客向けのおすすめ情報がカスタマイズされ、御社商品の購入される可能性が高まります」

もう一歩先へ――さらに説得力を高めるために

「問題―解決策―利得」の型を使うと、相手にも同じ視点を持ってもらえるようになります。説得できる可能性をいっそう高めるべく、次の点にも注意してみてください。

コツ1　たとえを使う

たとえや比喩は、聞き手が「問題―解決策―利得」の各部分を理解するうえでの一助となります。問題や機会のインパクトを説明する時、過去の出来事と比べてみせることがあるでしょう。「目下のサプライチェーン問題は、過去に起きた他の生産ラインの混乱に匹敵する」とか、「オンプレミスからクラウドへの移行は、デスクトップ型コンピューターからモバイル端末への変化と同類だ」といった表現が、ビジネスの場面で使われるかもしれません。

同様に、解決策も別の何かにたとえられます。炭水化物の摂取を患者に控えてもらいたい医療従事者であれば、「炭水化物を減らす効果は、毎週飲んできたワインの量を、過去にさかのぼって数年分減らすことに匹敵する」と伝えられそうです。利得の説明にも比較を使えます。テック企業では「同様のソリューションを取り入れたアトラシアン社がレスポンス時間のスコアを10倍改善できた」といった会話が交わされるかもしれません。

コツ2　首尾一貫した解決策を提供する

これまでの行動や対応と矛盾しない解決策は、相手に受け入れられる可能性が高くなります。セールス業界で「一貫性の原理」と呼ばれる手法です[3]。人間は「首尾一貫した行動をしたい」と感じ、「首尾一貫した人間だと思われたい」という欲求も抱いています。前例があることは受け入れやすいという性質もあります。

経済成長を促すために税負担を軽減すべきと主張するなら、減税策が過去の不況時に効果を示した実績に言及すると良いでしょう。昇給や昇格を求めるなら、同じような働きぶりで待遇を引き上げられた人の事例を挙げましょう。

前例を踏襲する解決策であれば、既定路線のように感じられ、相手が「イエス」と言いやすくなります。

コツ3 利得をポジティブに言い表す[4]

表現の仕方は重要です。利得をポジティブに伝えられると、説得がスムーズになります。解決策がうまくいく可能性が75%の場合、25%の失敗確率ではなく、成功確率の方に重きを置きましょう。4回に3回うまくいく解決策であれば、たいていは喜んで聞いてもらえるはずです。第6章では、あえて緊張感を高めて好奇心を引き出すテクニックに触れました。このアプローチを使う時には、問題をポジティブな解決に導いて緊張状態を解くことがいっそう大事になります。

また、解決策によって得るものがあることを強調しましょう。損失回避性の理論によると、人間はリスクや損失を避けたがりますが、利得のためには犠牲をいとわないこともあります。何かを失うリスクを想起させると、解決策が魅力的に見えなくなってしまうかもしれません。

格好の例が中古車の販売です。クルマの説明として「中古」と表現するのは構いませんが、故障のしやすさや修理コストの高さといった欠点まで連想させてしまいがちです。「これまで愛用された」という表現の方がはるかに好印象です。ちょっとした違いとはいえ、リスクを連想させる確率が低くなり、長く愛用された歴史があるなら、新たな買い手が気に入る可能性も高いというイメージにつながるでしょう。

コツ4　障害を取り除く

果物と野菜の摂取を増やし、脂っこい物や甘い物を控えたいという人はたくさんいます。健康に良いとわかっているからです。体重を減らし、気分を良くし、血圧を下げるなど、健康指標の向上に寄与します。食生活の改善を固く決意し、意欲をみなぎらせている人もいるでしょう。

それなのに、障害が立ちはだかります。果物や野菜がそもそも手に入りづらい場所に住んでいるかもしれません。移動の多い生活で、健康的な食事の選択肢に恵まれていないかもしれません。いくら行動を変えたいと思って努力しても、これらの要因に邪魔され、ハンバーガー、ポテト、炭酸飲料に頼る生活を変えられない可能性があります。

誰かを説得しようとする時、私たちは解決策がもたらす好結果ばかりに注目しがちです。**利得はもちろん重要ですが、それまで解決を阻んできた原因のことを、多少なりとも考えてみる必要があります。**そうしないと、聞き手から信頼してもらえなくなるおそれがあります。解決策を一方的に押しつけ、実行できない理由などまったくお構いなしの人に、どれだけうんざりするか想像してみてください。目の前ににんじんをぶら下げておきながら、それを手に入れる行為を助けようとしない態度は、とても鈍感で、相手を不快にさせます。

相手に提示する解決策は、魅力的であると同時に、現実的でなければなりません。足を引っ張る要因を解消するためのアイデアをいくつか提供したり、目の前に立ちはだかる壁を踏まえた解決策を編み出したりできるでしょう。

例えば誰かをテニスに誘う時、配偶者が仕事に出る週末は子どもの面倒を見なければならないという相手の事情を知っているなら、そもそも週末を避けて平日の夕方以降を提案するのが良いかもしれません。予算が限られている顧客への売り込みなら、使った分だけ支払う仕組みを設けてみてはどうでしょうか。他社製品の方が値段が安い場合は、自社製品の方が耐久性に優れ、長い目で見たコストパフォーマンスに優れていると理解してもらう方法もあります。

解決策をただ示すだけでは不十分です。相手への共感力をいっそう高め、解決策を実行できない事情にまで気を配り、その点への対応を含めて伝えていくことにより、相手に納得してもらえる可能性が大いに高まります。[5]

コツ5

完璧主義にとらわれない

私たちは「アドリブで誰かを説得しようと思うなら、完璧な受け答えが必要だ」と勘違いする傾向にあります。本書で見てきた通り、完璧を目指すと間違いを恐れてガチガチになり、自分のことしか考えられなくなります。

自分の意見を通したい時には、少し隙があるくらいの方がうまくいきます。スタンフォード大学経営大学院でマーケティングを専門とするババ・シブ教授によると、**よく磨き上げられたプレゼンほど、聞き手があら探しをしたくなります。**

人間はもともと、他人の意見を疑ってかかるものなのです。自分が持っている既成概念や物の見方を守ろうとし、新しい考えを恐れます。自分の意見の正しさを認められたいと欲することも珍しくありません。何かしら役に立っているという実感を得たいがために、批判をぶつけるという強烈な手段に出ます。

シブは、シリコンバレーでよく使われる格言を引き合いに出します。起業家から投資家に対して「出資を求めても、アドバイスしか得られない。(事業のアイデアの未熟さゆえに)アドバイスを求めれば、出資を得られる」。

さらにシブは、非の打ちどころのないキャンペーン案を用意しても、クライアントに受け入れてもらえなかったという広告業界話を教えてくれました。上司からのアドバイスはこうでした。「広告の絵に描かれている人物のうち、誰か一人の腕を毛深くしなさい」。すると、クライアント側はアイデアを受け入れつつも、「そんなに毛深くない方が良い」という独自の意見を付け加えられます。

相手が助けに入れる隙を作ると、自分の望む方向に誘導しやすく、協力を得やすくなります。完璧を目指すことが悪いわけではありませんが、隙のなさがマイナスに働くこともあるのです。

シナリオ例

「問題―解決策―利得」の型は、実際の会話で幅広く応用できます。仕事やプライベートで遭遇する可能性がある3つの場面を次に挙げ、少し説明を加えます。

シナリオ1

採用面接を担当した者として、候補者に内定の受け入れを促す。

発言の例

「弊社では、プロジェクトマネジメントのスキルを生かせるうえ、経営上層部と意思疎通を図る機会も持てます（**利得**）。市場投入戦略の策定と実行を通じて、社内外で大きなインパクトを与えられる仕事です（**機会**）。面接担当者一同は、あなたがチームに加わってくれることを願っています（**解決策**）」

このケースでは、利得を冒頭に持ってきました。何を得られる可能性があるかを相手にはっきり示すことで、それほどの利得が伴わない別の仕事への関心が薄れるように仕向けています。スキル面と対人面の両方で長所を挙げ、魅力的なポジションであるという印象を高めています。

シナリオ2

誰かに頼みごとをする。

発言の例

「私の書斎に新しいカーペットを入れて、大型テレビの視界を確保するには、大きな本棚を2つ動かす必要があります（**問題**）。前にソファを上の階に運ぶのを手伝ってあげたことがあるので、そのお返しとして、本棚の移動を今夜手伝ってもらえませんか（**解決策**）。スポーツ中継を見ながらお酒を飲むのがもっと楽しくなりますよ（**利得**）」

ここでは、助け合いの精神に訴えかける方法により、頼みを聞いてもらえる確率を高めています。相手にどんな得があるかを説明することで、効果はさらに上がるはずです。

シナリオ3

恋人と食事に行く時に、自分の選んだレストランの方が良いと説得する。

発言の例

「イタリアンを提案してくれたのはわかっているけど、ここの中華料理店はメニューを新しくしたばかりで、料理長がすごい賞を取ったらしい（**機会**）。今夜はここにして、家で来週、イタリアンを一緒に作るのはどう（**解決策**）？　そうすれば中華の新メニューを試せるし、たくさん作るイタリア料理はランチにも回して食費を節約できるよ（**利得**）」

この例では、相手の意見を踏まえることを忘れず、思慮深さと思いやりを示しています。相手の希望や懸念に耳を傾け、心に留めます。ごり押しは禁物です。長い目で見たプラス面を指摘すれば、相手のためにもなるでしょう。

最後に——子どものおねだりから学べること

いきなり上手におねだりできる子どもの才能にはいつも驚かされます。私の息子は12歳のころ、高価なエレキギターを欲しがりました。クローゼットの中は当時、大して使われていないおもちゃや道具でいっぱいでした。どうせすぐに飽きる趣味に付き合いきれないと思い、私は「ノー」と答えました。すると、とっさのアドリブにしてはなかなか上出来な口上が返ってきました。

「パパとママはいつも僕に『もっとクリエーティブになって、夢中になれることをしなさい』って言うよね」。この滑り出しで、彼自身と両親の双方のためになる機会が明らかになりました。次は解決策です。「ギターを買ってくれたら、楽譜の読み方を自分で勉強して、自分の部屋で練習するよ」。最後に双方にとっての利得が説明されます。「パパとママが好きなカルロス・サンタナの曲から練習するし、ギターを習い始めたら算数の成績が上がったって友達が言ってた」

私も妻も息子の受け答えにすっかり感心し、ギターを買ってやりました。1カ月もたたないうちに新しいギターでかっこいい音楽を聴かせてくれた時には、さらに感動しました。両親の懸念をはっきりと、短く、論理的に打ち消してみせることで、彼はおねだりを成功させました。

あなたも同じように、頼みごとや売り込みを上手にやり遂げられます。説得に適した型を使えば、押し売りではなく、相手のニーズに応える形で目的を達成できるのです。

シチュエーション4
質疑応答 1

概要――質問が攻撃に感じられる

前もって準備したプレゼンを見事に披露すれば、それで一つの山場を越えたことになります。しかし、その後に続く質疑応答での突発的なやり取りには、どう対応できるでしょうか。会議や面接で思いがけない質問が飛んできたら、どうすれば良いでしょうか。

質問が浴びせられた瞬間、攻撃された気分になり、少しでも言い間違えれば信用を失うと恐れる人は多いに違いありません。

質疑応答を聴衆との「ドッジボール」ではなく、「対話」と捉え直せれば、相手とのやり取りの中でテーマをさらに広げていく機会をつかめます。主導権を明け渡すことなく、話の流れをコントロールし続けられます。

取り組む理由――ピンチではなくチャンス

「質疑応答はチャンスだ」と言うと、大げさに聞こえるかもしれません。しかし、事前に発言を準備したプレゼンや会議では得られないプラスの効果がいくつもあります。

第一に、ごまかしのない自然体と誠実さを印象付けられます。カンペを手放した話し手からは、本当の人柄がにじみ出ます。無理に作った自分ではない方が、聞く側との信頼関係が深まり、親しみやすさと温かみを感じてもらえます。

聞き手一人ひとりを個人として尊重したやり取りを通じ、相手の考えや立場について得られる情報も多くなります。

質疑応答セッションでは、自分の考えをさらに明確化し、プレゼンで伝えきれなかった部分にまで踏み込むことが可能です。臨機応変に受け答えできれば、造詣の深さが示され、信用を失うどころか、いっそう人望を集められます。

質問への答え方をマスターすれば、聴衆の関心を引きつけ、自分の意見をはっきりさせながら、人間味のある形で伝えるという効果が得られます。

構成——「これか」

次に挙げる「これか」で話すと、質疑応答が聞き手にとって意義深くなります。

- **こ＝答え**　まず、質問に対する答えを一文で明確に言い切る
- **れ＝例**　次に、答えを裏付ける具体例を挙げる
- **か＝価値**　最後に、自分の答えが質問者に提供する価値を説明する

順番は入れ替えても構いません。「答え」「例」「価値」という3つの要素だけで、優れた回答が出来上がります。

例示は特に重要です。聞く側にとっては、漠然とした話より、具体性のある話の方が覚えやすいものです。具体的なエピソードを交えることで、あなたの答えが相手の記憶に残りやすくなります。聞き手にとっての価値や意義を説明すれば、身に迫るように伝わり、より強い関心を引き出せます。

私が「これか」にどれだけ信頼を置いているかと言えば、企業の採用担当者だった時、面接に来た候補者たちに伝授したほどです。

面接の冒頭で「質問を受けたら答えを返し、具体的な説明で裏付け、その回答がどのよ

うな意味を持つか（この職を得た時にどう生かせるか）を教えてください」と指示しました。すると見事な効果が表れました。返答がよりクリアになったうえ、型が決まっていることで候補者側の緊張もいくらか解けた様子でした。私にとっては、どの候補者が採用にふさわしいかを見極めやすくなりました。

では「これか」のステップを一つずつ追ってみましょう。

ステップ1

質問に答える

質問に対する直接的な答えを、なるべく明確かつ簡潔に提供します。前置きや細かい背景情報は不要で、単刀直入に答えを出します。時間を稼いだり、焦点をずらしたりすると、何かをごまかしているように受け取られかねず、信用を失うおそれがあります。

発言の例

採用選考の一環として課されたプレゼンを終えた後、企業側から実務経験がどれだけあるかと問われたら――

「私はこの分野で15年以上の経験があります」

大勢が集まる社内ミーティングで進捗状況を報告した時に、役員からスケジュールの遅れの理由を質問されたら――
「サプライチェーンの問題と物流の遅延に足を引っ張られています」

ステップ2　具体例を挙げる

答えを裏付けるのに格好の例を1つ思い浮かべます。ささいな内容を盛り込みすぎないようにしましょう。若干の説明は役に立ちますが、多すぎると聞き手が飽きて気をそらし、耳を傾けなくなります。いくらかの詳細を加えつつも、せいぜい2つか3つの文にとどめるのが理想的です。

発言の例

「これまでにA社、B社、C社の3社を経験し、新規プロジェクトのスコープ設定、部署の垣根を越えたチームワークの促進、役員への成果報告を担ってきました」
「一例として、製品の基盤となる材料が、関税の問題で港湾に10日長く留め置かれました」

ステップ3　価値を説明する

私たちはつい、自分の答えの意味や重要性をわざわざ説明しなくてもわかってもらえると思ってしまいます。残念ながら、そうとは限りません。こちらの回答の価値を理解してもらい、高い評価を得られるよう、しっかりと口に出して意義を伝える必要があります。

発言の例

「そのため、迅速に課題を見つけ出し、解決策を提案する能力に長けています」
「すでにサプライヤーの追加に向けた契約を進めており、今後の遅延を減らすために代替的な輸送手段を検討しています」

1つ目の例と違い、2つ目の例はネガティブな事例を扱っています。こうしたシチュエーションの場合、価値を説明するステップを使って、問題の解決に向けた取り組みを伝えます。

採用面接を受けている時に「あなたの短所を教えてください」と言われたら――
「メールやスラックのメッセージへの返信に気を取られ、業務がおろそかになってしまうことがあります（答え）。具体的には、始業時刻の時点で受信ボックスに20件ほどメッセージがたまっていることが多く、仕事への取りかかりが遅れがちです（例）。今では10分のタイマーをかけるようにしています。アラームが鳴ったら返信を書くのをやめ、他の業務に着手します（価値）」

もう一歩先へ——有意義なやり取りにするために

「これか」の型を使うと、質問への答えが回りくどくならずに済みます。即座に答えを言い切ってから、聞き手にとって意味があり、覚えやすい説明だけを付け加えるからです。「これか」の効果を最大限に発揮し、より良い受け答えを目指すために、次のことを試してみてください。

コツ1　想定問答の練習をする

質疑応答は即興でのやり取りですが、何も対策できないわけではありません。想定される質問をあらかじめ考えてみましょう。プレゼンで最も時間をかけて準備した部分はどこですか？　思いつく中で一番難しい質問は何ですか？　誰かが必ず聞いてくるだろうという質問はありませんか？　聴衆の特徴から、質問のタイプの予測がつきませんか？

質問を想定できたら、「これか」を使って説得力のある答えを模索しましょう。そのうえで、質問をきっかけに話を広げてみます。答えの中で触れたいテーマやポイントは何ですか？　こうした質問がそもそも出ないように、あるいは自分が答えやすい状況を作っておくために、プレゼンの内容や会議の議題そのものを見直す必要があるかどうかも検討しましょう。

説得力のある答えを完成させるのが難しければ、頼りになる知り合いに聞いたり、ネットで調べたりするなど、手早く答えを見つけられる手段を探ります。

満足のいく答えが出来上がったら、声に出して言ってみてください。録音し、どう聞こえるか自分でチェックしても良いでしょう。答えが見つからなければ、本番でどう返事をするか考えます。私は質問への答えがわからない時、その事実を認め、いついつまでに調べて連絡すると約束します。

コツ2　自分に有利なタイミングで質問を募る

質疑応答の時間は、プレゼンや会議の最後に設けられるケースが多いものの、そうでない場合もあります。

プレゼンがいくつものテーマに及んだり、2つ以上のパートに分かれたりするなら、節目ごとにいったんストップし、質問を受け付けるのが良いかもしれません。一般的に言って、10分以上も質問の機会を設けずに話し続けるのは感心できません。質問を募ることで、聞き手の参加を促し、自分の話していることがきちんと伝わっているか確認できます。

逆に中断が多すぎると、プレゼンや会議が長引いてしまう可能性があります。内容が途切れ途切れになり、集中しづらいかもしれません。5分もかからない程度のプレゼンなら、質疑応答を最後にするのがおそらく好ましいでしょう。

まだよく知らないテーマだったり、緊張感が大きかったりする場合、プレゼンを終わらせてから質問を受け付けた方が良いと思います。話しているうちに自信が湧き、聴衆にうまく響いた時の反応に気付けるようになるかもしれません。それを知っておくと、後で質問に答える際に役立ちます。念入りに準備した内容をまず全部話してしまえば、思いがけない質問によって脱線させられる事態も防げます。

質問をどの時点で受け付けるか、聴衆にあらかじめ伝えましょう。最後に質疑応答の時間を設けると知らせておけば、途中で手を挙げる人が出てくる可能性を下げられます。聴衆の中には、後で聞けるように質問を書き留めておく人もいるかもしれません。質疑応答のタイミングを含めたプレゼンの構成を明確にしておくと、聞き手が先の展開を心配せずに落ち着いて集中できるようになります。

コツ3　ルールを決めておく

質疑応答では、話し手が案外強い主導権を発揮できます。**受け付ける質問の数、制限時間、対象とするテーマを設定するのは妥当**です。こうしたルールをはっきりと示しておけば、適切でない質問への回答を拒否できます。

例えば、「私からの話の後、チームの新規プロジェクトと、その市場ポテンシャルに関する質問を約10分間受け付けます」とアナウンスします。

質問を募るタイミングが来たら、進行のコントロールを手放さないようにしましょう。ただ「何かご質問はありますか」と聞く人が少なくないですが、それはやめた方が良いです。テーマに大して関係ない質問を投げても構わないと誤解されるかもしれません。

最初に設定したルールがあれば、聴衆にあらためて伝えます。「さて、この新規プロジェクトについて何かご質問ありますか？　お伝えした通り、質問に答えられる時間は10分ほどです」

コツ4　一番大切なメッセージで締めくくる

「これか」の型や、その他のテクニックを使って、質疑応答を上手にやり遂げられたとしましょう。その成功を最後の最後で台無しにしたくはないはずです。それなのに、話し手の多くが「それではどうも」とか、「こんなところですかね」と遠慮がちにつぶやいて舞台から下りてしまいます。

例えば次のように、聞いてもらったことに感謝しつつ、肝心なメッセージやアイデアをあらためて印象付けて締めくくりましょう。

「ご質問ありがとうございました。目標の達成に向け、今回のプロジェクトに全力を注ぎます」

「ご質問とご意見をありがたく頂戴しました。皆様と一緒に、この取り組みを成功させていきます」

聴衆にぜひ持ち帰ってほしいメッセージを一つ選び、それを最後の決め台詞にします。締めくくりの言葉を事前に考えておけば、途中で何が起きても有終の美を飾れるという見通しを持てます。

コツ5　チームの「指揮者」になる

パネル討論やチームミーティングなど、話し手が1人ではなく、複数で協力し合うシチュエーションがあります。質疑応答では、誰も質問に答えようとしないかと思えば、2人以上が同時にしゃべり出すなど、足並みが乱れることもあるでしょう。「オーケストラの指揮者」の役割を果たせる人がいれば、もっとスムーズに進行できる可能性があります。話し手のうち誰か一人を「指揮者」にあらかじめ任命しておきます。聴衆から手が挙がったら、この人物が質問を受け付け、自ら答えるか、知識や地位、関心の程度に応じて他の話し手に振ります。話す時間の長さが全員ほぼ同じになるよう調整できるのが良い「指揮者」です。

時に本物さながらの身振り手振りを加えて質問をさばける「指揮者」がいれば、秩序を保ちながら円滑に質疑応答を進められます。

コツ6 挙手がなければ自分で質問する

質疑応答に入ってすぐに最初の質問が出てくるとは限りません。無理もないでしょう。話し手と同じく、聴衆も、一方的な語りから対話へのモード切り替えに時間がかかります。最初に声を上げるのが恥ずかしいと感じる人もいますし、聴衆の人数が多ければなおさらです。質問をしたくても、一番乗りは避けたいと思っているかもしれません。

質問者が誰も出てこなければ、しばらく待ってみましょう。気の短い話し手だと、何も質問がないと結論付けて終わらせてしまいます。私にはそれがうまいやり方だとは思えません。質問したいと思っている誰かがいるに違いないからです。

その誰かとは、自分自身かもしれません。何秒か待ってみて（ゆっくりと5つ数えましょう）、誰も挙手しなかったら、私が命名した「後ろポケットの質問」を使ってみます。**このようなシチュエーションに備えて質問を一つ考えておき、比喩的な意味で「後ろポケットにしのばせておく」**のです。自分が喜んで簡単に答えられる質問にしましょう。「よく人から聞かれるのは」とか、「このテーマについて初めて知った時、私が理解に苦しんだのは」などと前置きし、話し始められるでしょう。

質問を一つ挙げて答えてみせるだけで場の緊張がほぐれ、他の人が次の質問をする確率が高まります。それでも質問が出てこなければ、質疑応答の時間を終えて構いません。見事な質疑応答セッションだったとは言えないでしょうが、少なくとも一つの質問に答えたという成果が残ります。

シナリオ例

仕事上の会合でパネリストを務めたり、ポッドキャストでインタビューを受けたり、人事評価面談で上司と話したり、初のデートでおしゃべりに興じたりする時、多岐にわたる質問が飛んでくる可能性があります。次の例ではこうした場合を想定しつつ、「これか」

を使った簡潔かつ効果的な答え方を提示します。具体的な説明を盛り込み、意味付けを加えることで、答えが一段と満足のいくものになることを実感してください。

シナリオ1

採用面接の場で、面接官から「最近乗り越えなければならなかったハードルについて教えてください」と質問される。

発言の例

「半年ほど前に、同僚の一人がスケジュール通りに仕事を終わらせられず、グループ全体で業務を完結できない事態が起こりました（**答え**）。対応計画の土台となるユーザーレポートを締め切りに間に合わせられなかったのです（**例**）。この問題に対処するため、彼と個人的に話をし、手助けを申し出ました。助けが必要になりそうなら、その2日前には教えてくれるように伝えました。私はいつでも困難な状況に正面から立ち向かい、手を差し伸べることを心がけています（**価値**）」

自分の直面する課題や、改善の余地がある点を質問された場合、「価値」の部分で対応策や改善策を説明し、今後の行動で解決できると期待させることを忘れないでください。

シナリオ2

ポッドキャストやトークイベントでインタビューを受け、「今回のテーマがご自身にどう関係しているか教えてください」と聞かれる。

発言の例

ここでのポイントは、聞き手の心をつかむことです。あなたの話を聞く側がどのような価値を得られるかという点を意識しながら――

「私はコミュニケーションに情熱を抱いています（答え）。25年以上にわたり、さまざまな場所でコミュニケーションスキルを学び、教え、コーチとして活動してきました（例）。この長い年月で学んできたことを分かち合い、皆さんがコミュニケーションにもっと自信と余裕を持てるようになってほしいと心から願っています（価値）」

シナリオ3

交流会で初対面の人と打ち解けようといろいろ話しかける中で、今日は何をきっかけに参加を決めたのかと相手から質問される。

発言の例

「新しいことを学んだり、新しく人と出会ったりするのが好きなんです（**答え**）。この集まりの目的にとても興味を引かれ、学べることが多そうだと思いました（**例**）。自分の経験を分かち合ったり、皆さんからいろいろ教えてもらったりできたら嬉しいです（**価値**）」

シナリオ4

上司との面談で、チームの取り組みと生産性について厳しい質問が飛んでくる。

発言の例

「ここ2週間はカスタマーサービスの問題に集中的に取り組んできました（**答え**）。直近の製品アップグレード後、2つの機能に関する問い合わせが20％増えたからです（例）。すでに解説動画を作ってオンラインで提供し、初回の問い合わせで案内するようにしています。この対応により、チームメンバーが他の業務に再び集中できるようになりました。さらに新しい解説動画を作成し、次回のアップグレードの際は積極的に案内していく次第です（価値）」

ここで数字が効果的に使われていることに注目してください。具体的な説明によって答えを補強する方法の参考になります。

最後に――対話の主導権を握る

少し前のことですが、昔の教え子が小さなコンサルティング会社を立ち上げました。物理的に保管されていたデータのクラウド移行を支援する会社です。彼はしばらくすると、生身の人間によるコンサルではなく、ツールを提供し、移行プロセスを自動化すれば、もっと早く事業を成長させられると気付きました。トップ自らの指揮の下、この会社は売り物をコンサルからソフトウェアに変えていくことになりました。

当然ながら、コンサルタントをはじめとする社員の間には動揺が走ります。職を失う不安に駆られる人もいれば、コンサルの提供からソフトの販売へと調子良く切り替えられるものなのか疑問視する人もいました。社内の結束を維持するには、元教え子がこの戦略について社員に説明し、歯に衣を着せない辛らつな問いかけにも耳を貸す必要がありました。

私たちは、彼が自然発生的な質疑応答への対応スキルを高められるよう手助けしました。「これか」の型を伝授し、想定問答の練習に付き合いました。

彼は「これか」がかなり効果的に感じたと言います。自分の立場を明確にし、具体的な詳細を伝えると、あらためて信頼を得られました。従業員や顧客だけでなく、事業の目的と展望にどのような影響があるかを丁寧に説明したことが、大いに功を奏しました。

嬉しい知らせばかりではなかったにもかかわらず、社員はトップが自分たちのことを考え、不安の原因を理解してくれていると受け止めました。率直な意向が聞け、考え抜かれた答えが的確に返ってきたと感じました。

アドリブでの質疑応答を怖がらないでください。「これか」という3つのシンプルなステップにより、コミュニケーションの主導権を握りつつ相手と対話できます。守りに入ることなく、自分の意見を補強しながら、相手にとっての意味をより深く伝えられます。信用を失うどころか、相手にも「これか！」と納得してもらえます。

シチュエーション5 フィードバック

概要――「教えてやろう」に陥りがち

フィードバックを提供する時、私たちは相手に何らかの評価を与え、ためになることの一つでも言ってやろうとか、どうすべきか教えてやろうとか考えてしまいがちです。**フィードバックを「協働的な問題解決への誘い」と捉え直せば**、目先の結果が良くなるだけでなく、長い目で見た人間関係が強化されます。

取り組む理由――相手との関係を強められる

誰かに自分の意見を伝えようとするばかりに、相手がフィードバックを素直に受け取りづらくなる上下関係を新たに構築してしまったり、固定化してしまったりするおそれがあります。

他人に評価を下すという立場に立つと、上から物を言う形になり、相手はただ黙って聞くしかなくなります。運が良ければ意図した通りの内容は伝わりますが、ともに力を合わせる機会は失われます。下手すると「堅苦しい」「厳しい」「きつい」という印象を与え、相手が警戒してしまうかもしれません。

フィードバックを「協働的な問題解決への誘い」と見なすと、こうした関係が変わります。相手を身構えさせずに、当事者意識、オープンな姿勢、責任感を共有できます。相手がどうすべきか指示する役目ではなくなります。相手と目線を合わせ、チームとして改善を図るべく手を差し伸べます。

このような土台の上に立てば、本当の意味での進歩を実現し、相手との関係を強められる可能性が大いに高まります。

構成――「4つのK」

なりゆきでフィードバックを提供することになった時、相手に手を差し伸べ、協力的な姿勢を示すために使える型は「4つのK」です。

- **K＝気付き**　まず、フィードバックの対象となる相手の行動やアプローチについて気付いたことを具体的に伝える
- **K＝考え**　次に、その行動やアプローチによってあなたがどのような考えを持ったかを説明する
- **K＝協力**　それから、行動やアプローチを改善するための協力を呼びかける
- **K＝効果**　最後に、提案した改善策を実行した場合のプラスの効果や、実行しなかった場合のマイナスの影響に言及する

4つのKを順番に盛り込めば、はっきりとして建設的なメッセージになります。

ステップ1　**気付きを伝える**

相手の様子や働きぶりについて、客観的な気付きを述べることから始めます。難しいかもしれませんが、個人的な感情は抜きにして、たやすく見て取れ、裏付け可能な事実だけを挙げましょう。

発言の例

レポートを締め切りに間に合わせられなかった部下に対して——

「わかっているかもしれないが、顧客のNPS指標に関するレポートの提出が遅く、次の取締役会向けのプレゼン資料に加えられなかった」

教え子に対して——

「初回の試験の成績はAでしたが、このところ2回はCマイナスですね」


この時に、話題に含めない部分の線引きをしておきましょう。

1つ目の例であれば——

「話し合いたいのはレポートの提出時期であり、内容の質ではない」

2つ目の例であれば——

「授業中の態度は素晴らしいですが、試験への取り組み方を話し合いたいと思います」


こうして話題の焦点を絞れば、自分も相手も肝心な部分に集中できます。

ステップ2 自分の考えを説明する

明らかな事実を挙げたら、相手にどう変わってほしいのかについての自分の考えや気持ちを伝えます。「私としてはこう考える」や「私はこう思う」など、一人称を使った表現で直接的に語りかけましょう。

あなた自身の考えや気持ちであることをはっきりさせ、あなたにとって重要な問題であるという事実を示します。あくまで自分一人の考えや感情であることを明示すれば、相手が自己防衛に走ったり、自責の念に駆られたりする度合いをやわらげられます。

発言の例

「直近の四半期で達成できた顧客満足度の改善を、取締役会がまだよく認識していないという事情を知っている者として、私はこれまでの取り組みの効果を証明するせっかくの機会を逃してしまったのではないかと危惧している」

「私としては、今学期の目標を達成できそうにないことを心配しています。行きたい大学の合格に必要な最終成績に届かないかもしれないというのが私の懸念です」

話し合って解決すべき問題を提示する時、なぜそれが重要なのかを明確にしましょう。

部下は自分の仕事が組織全体の中でどのような意味を持つかわかっていないかもしれません。業務の意義がはっきりと伝われば、チーム全体に好影響があります。学校に通う生徒は、勉強をさぼることが先々の人生に及ぼす影響を理解できるだけの経験と知識を持ち合わせていないかもしれません。

ステップ3　協力を呼びかける

聞き入れてもらえれば期待通りの変化や改善につながるであろうリクエストを、具体的に短くまとめて持ちかけます。相手の自発的な協力を促すように問いかけても、ともに目指したい解決方法を提示しても構いません。

発言の例

「私たちはどうすればレポートが期限までにCEOの秘書の手に渡るようにできるだろうか」

または、

「私としては、資料提出期限の24時間前にCEOの秘書に手渡すようにしてほしい」

「もっと念入りに準備して次の試験を迎えられるよう、どう一緒に取り組んでいきましょうか」
または、
「次の試験の前には、私が毎週金曜に行っている個別指導に参加してください」

どんなコミュニケーションにも言えることですが、フィードバックを与える時にはことさら言葉遣いが重要です。「私たち」と位置付けながら問いかけると、相手と目線の高さが同じになり、協働することで望ましい変化がもたらされるという認識が共有されます。フィードバックを受ける側が問題解決に向けて主体性や自主性を発揮する余地を残せます。問題を起こした張本人だからと言って意見を聞き流すのではなく、解決策の助けとして尊重する姿勢を示せます。
一方、解決策を提示する場合は、あなたの意図をよりはっきりと強調できます。以前にもフィードバックした件であったり、時間的な余裕がなかったりする時には、言い切る形が適しているかもしれません。

ステップ4　効果に言及する

最後に、相手がフィードバックを聞き入れることによるプラスの効果や、聞き入れないことによるマイナスの影響を明らかにします。ポジティブな帰結とネガティブな帰結の両方に触れても、どちらか一方だけでも構いません。

発言の例

「NPS指標を取締役会のプレゼン資料に加えられれば、顧客のための取り組みを可視化でき、チームの働きぶりの重要性を浮き彫りにできる」

または、

「取締役会がNPS指標に目を通さなければ、顧客満足度の改善というOKRへの取り組みに疑問を持たれる可能性が高く、カスタマーサービス部門のリストラを招くかもしれない」

「次の試験でAを取れば、最終成績がAマイナスになります。今学期にこの成績を達成できたらどれだけ喜ばしいか考えてみてください」

または、

「試験の成績を上げる方法を一緒に見つけられなければ、大学でスポーツを続けるのに必要な成績への到達が難しくなるかもしれません」

もう一歩先へ——各要素をまとめるために

「4つのK」の型を使うと、相手に協力的なフィードバックを、要領良くはっきりと伝えられます。ただ、それぞれのKを適切にまとめることも大切です。そのためのヒントをここで紹介しましょう。

コツ1　準備しておく

フィードバックを与えなければならない場面があらかじめ想定されるなら、次の点を考えてみます。

- その人物が望ましくない行動を取る理由とは？
- フィードバックを与えること、あるいは与えないことにより、何が得られ、何が失われる？

・自分としては相手にどのような行動を求めている？

フィードバックを提供し始める前に、相手に必要とされている、あるいは相手のためになるコメントがどのようなもので、どこまで踏み込むべきなのかを探ってみましょう。そうすると自分の受け答えの焦点を絞り込めるだけでなく、相手の力になりたいという気持ちを伝えられます。

フィードバックがそもそも役に立ちそうかどうかも、一度考えてみた方が良いかもしれません。フィードバックに意味がなさそうなら、発言を控えるという行動が取れます。例えば、一緒に出席していた会議について文句を言う同僚には、助けやアドバイスが欲しいのか、それとも憂さ晴らししたいだけなのか聞いてみます。同僚が何を求めているのかわかると、こちらもどう反応すべきか判断しやすくなります。

妻に何らかのフィードバックを求められて応じた私の方が、フィードバックをもっと上手に伝えるための「建設的な」意見を妻から頂戴する羽目になることがよくあります。感想を伝える時にアドバイスや提案を盛り込みがちな私に対し、妻は彼女自身の気持ちへの寄り添いを求めます。そこで私は、自分の意見を言う前に、どのような反応が求められているのかを必ず確認するようにしています。

コツ2　タイミングを逃さない

なりゆきで伝える場合でも、あらかじめ準備して伝える場合でも、フィードバックは適切なタイミングで提供されると効果が大きく上がります。フィードバックの必要な行動が見られたら、できるだけ早く話し合うようにしましょう。

もちろん、強い感情的反応が静まるまで待つ必要はあります。冷静かつ効果的にフィードバックできる状態になったら、その機会をすぐに活用しましょう。

何らかの理由で即座にフィードバックを与えられない場合は、できるだけ早い機会に話し合いが必要であると相手に知らせましょう。出来事を即座に指摘しておけば、その瞬間が相手の記憶に残るでしょう。

コツ3　状況を判断する

タイミングを逃さないと言っても、どのような状況で伝えられるかという点も、フィードバックの効果に影響します。今ここでフィードバックを与えて、望ましい結果につながりますか？　相手が置かれている状況を鑑みて、適切なタイミングだと言えますか？

あらゆる関係者の準備が整い、フィードバックを受け取る側が心身ともに万全な状態であれば、話し合いの効果が高まりやすくなります。

公衆の面前で、つい友人や同僚にコメントしたくなることもあるかもしれませんが、深刻な話題であればおすすめしません。相手が別のことに気を取られているかもしれませんし、一対一で話したいことかもしれません。たまたま機嫌が悪く、冷静に受け止められない状態かもしれません。経験豊富なバレーボールコーチのルーベン・ニエベスはこれを「教育不可能な瞬間」と呼びます[1]。不意に指摘されると、なかなか素直に聞き入れられないことがあるのです。

それから、フィードバックはなるべくオンラインではなく、対面で伝えるようにしましょう。画面越し、書面、電話では、相手の反応がわかりづらく、意見を伝えるのに適した環境作りの手立ても限られるため、臨機応変なフィードバックがいっそう難しくなります[2]。

コツ4　適切な口調を選ぶ

「4つのK」を使ったフィードバックでも、口調が違えば意味付けが劇的に変わってきます。

職場で会議に3回連続で10分遅れた人がいるとしましょう。「4つのK」の型に従うと、次のようになります。「10分の遅刻ですね。これで3回目です。この会議の優先度に関する理解が私と異なるように見受けられます。あなたが時間通り席に着き、プロジェクトを締め切りまでに間に合わせられるよう、私たちが協力できる方法はありますか？」

切迫感を持たせたければ、より厳格な口調でこう伝えると良いかもしれません。「10分の遅刻です。この会議の優先度を誤解しているように私には見受けられます。次回は10分早く席に着いてください。それができなければ、チームから外れてもらうかもしれません」

2つの言い方を比べてみてください。最初の例は、問いかけによって解決策への貢献を求め、協働的な行動を促す口調になります。2つ目の例は、フィードバックをきっぱりと言い切っており、指示に従わなかった場合のネガティブな結果に触れることによっても、いっそう厳しい印象を与えます。

フィードバックに大きな影響を与える口調を、自分自身でコントロールできると理解していれば、メッセージを一段と明確に伝えられるようになります。

コツ5　バランスを取る

とっさのコミュニケーションにおいて、私たちは否定的なフィードバックばかりではなく、肯定的なフィードバックも提供すべきです。

「4つのK」に入る前に、相手の長所を言ってみると良いかもしれません。ポジティブなコメントで始めれば、あなたが相手の価値や努力を評価していることが鮮明になるうえ、建設的なフィードバックを相手に聞き入れてもらえる可能性が高まります。

当然ながら、フィードバックの内容と釣り合う賛辞を選びましょう。服装を褒めてから不十分な働きぶりを指摘するのはバランスが悪く、不自然なこじつけに感じられます。会議で疑問点を指摘したことや、新入社員をサポートし続けていることなど、本当に意味のある貢献を称えるようにしましょう。

コツ6　感情の動きに気を配る

フィードバックを提供する時、相手がどう反応しているかに細心の注意を払いましょう。相手が身構えたり、感情的になったり、注意をそらしたりするなら、メッセージを組み立て直す必要があります。

同様に、話している自分の心の動きも意識できるはずです。熱くなりすぎて、円滑にコミュニケーションできない状態になっていませんか？　もっと効果的に伝達するために、感情を込める部分を強めたり、弱めたりできませんか？

気持ちが高ぶる状況になったら、感情にラベルを貼らずにそのまま受け止めつつ、より

客観的な部分に話題を戻します。感情のラベリングには時に危険が伴います。「気を悪くしたようですね」と言えば、相手が「いいえ、くやしいだけです」と返して問答になり、目の前にある問題の解決から意識がそれてしまうかもしれません。

「あなたの話しぶりから真剣さがわかります。スケジュールの明確化に努めれば、問題を解決できるに違いありません」などと言えば、ラベリングせずに相手の感情を受け止められるでしょう。

コツ7　焦点を絞る

複数のフィードバックをいっぺんに伝えなければならない場合があるかもしれません。たいていの場合、言うことが少ない方が伝わることは多いと考えましょう。あまりに多くのフィードバックを浴びせると、どれも相手の耳に入らないという事態があり得ます。どうしても変えてほしい行動を1つか2つだけ挙げるとしたら何ですか？　どうしてもわかってほしいことを1つか2つだけ挙げるとしたら何ですか？　そこに対象を絞り、残りのフィードバックは別の機会に提供しましょう。

シナリオ例

次に挙げる3つのシナリオに目を通すと、誰かから意見を求められたり、注意を与えるべき行動が目の前で起きたりと、なりゆきでフィードバックを与える機会にも種類がいろいろとあることがわかるでしょう。相手との上下関係という観点でもバリエーションをつけました。

どのシチュエーションにおいても、言葉遣い、解決策の提示方法（問いかけ、提案、言い切り）、フィードバックを伝える場所と状況など、工夫の余地がいくつかあります。「4つのK」を使いこなせるようになれば、さらに細かいところにまで目を配り、適切なニュアンスを込められるようになります。

シナリオ1

「見込み顧客に送るメールがこれで良いかどうか見てほしい」と同僚から頼まれる。メールの書き方はあいまいで、要点がわかりづらい。

発言の例

「3つも段落があって、何をしてほしいのか最後にはっきりと書かれていませんね（**気付き**）。私がこのメッセージを受け取ったら、頭が混乱すると思います（**考え**）。私からの提案は2つあります。その1、前回の打ち合わせ内容の要約を外し、議事録へのリンクだけを記載する。その2、何をしてほしいのかを件名に入れる（**協力**）。こうすれば、すぐに返事をもらえる確率が高くなると思います（**効果**）」

シナリオ2

ある上司はチーム全体の前で話す時、男性ばかりに意識を向け、いつも男性から意見を聞きたがる。そのために女性は居心地が悪く感じ、仕事に対する意欲も低下している。

発言の例

「今日のお話で意見が求められた時、男性しか指名されず、手を挙げた女性には発言の機会が与えられませんでした（**気付き**）。私としては、チーム内の女性が、男性ほど働きぶりを認められていないように感じるのではないかと心配しています（**考え**）。女性をもっと巻き込むためのお手伝いが私にできないでしょうか（**協力**）。この点にご配慮いただければ、懸案の解決につながる有益な意見をチーム内の誰もが持っていることがはっきりすると思います（**効果**）」

シナリオ3

子どもと一緒に参加した交流イベントで、他の親子から話しかけられたのに、あなたの子どもはスマホに夢中で会話に加わろうとしない。

発言の例

「スマホばかり見て、さっき話しかけてくれた親子に返事もしなかったね（**気付き**）。周りにいる人を無視するのは失礼だと私は思うよ（**考え**）。スマホをマナーモードにして、これから10分か15分ぐらいの間はしまっておこう（**協力**）。スマホを見続けるなら、家に帰るまで私が預かっておきます（**効果**）」

最後に――フィードバックは問題解決への誘い

数年前、スタンフォード大学の博士課程の学生が、別の名門私立大でコミュニケーションを教えることになりました。アリス（仮名）と私は馬が合い、互いに何かと協力する関係にありました。

彼女が教壇に立ち始めてから間もなく、大きなショックを受けた様子で連絡をくれました。初めて返された授業評価アンケートがひどい内容だったそうです。学生は授業の内容に満足していた一方、課題が多すぎると感じていました。

私はアリスから「学生の批判を真に受けるべきだろうか」と意見を求められました。そして、ネガティブな評価に対する自分の反応をどう思うのかも聞きたいとフィードバックを頼まれました。

私は「4つのK」の型を使いながら、一度に出す課題が多いうえ、締切日の多くが月曜に設定されているため、学生が週末にたくさん時間を割かなければならない可能性が高いと指摘しました（**気付き**）。

若干の調整を加えるだけで、学生のスケジュールにもっと適した授業計画になるという見方を示しました。学生からのネガティブな反応を怖がる必要はないとも伝えました（**考え**）。

課題のタイミング設定の参考にし、問題解決へと前向きに取り組んでもらえるよう、自分のシラバスを彼女に送りました（**協力**）。

最後に、フィードバックで指摘された点を直せば、授業をより良いものにでき、将来的な高評価につながるはずだと付け加えました（**効果**）。

アリスは私のフィードバックをしっかりと聞き入れて、学生からの評価の受け止め方をあらため、課題の設定を変えました。次の学期のアンケートでは学生からの評価が大幅に上がり、彼女はとても喜びました。私のフィードバックとサポートのおかげだと言ってくれたアリスとの信頼関係はいっそう強まり、仕事上で協力し合う新しい道が開けました。

フィードバックの提供は、相手への気遣いや思いやりを示す手段の一つです。多少なりとも時間を割いて、適切にフィードバックを伝えられるようにすれば、その時々で相手のためになるだけでなく、長期的な関係が育まれ、尊敬と人望を集められます。

ともに問題解決に取り組むという姿勢を見せるかどうかによって、フィードバックはまったく違ったものになるのです。

シチュエーション6 謝罪

概要——うまく場を収めたい

本書ではここまで、とっさの受け答えに役立つスキルを中心に紹介してきましたが、何か間違いを犯してしまった時にはどうしたら良いでしょうか。誰かを怒らせてしまった、不適切な言動があった——そんな時にどう対応すれば、うまく場を収められるでしょうか。

きちんと謝る方法を知っていて損はありません。アドリブで話すリスクをあえて背負い、自分らしさを発揮したいと思えばなおさらです。ところが、あまりに多くの人が謝罪の仕方を知りません。誰かを怒らせたのに謝り方が悪かったり、まったく謝らなかったりすると、いっそう泥沼にはまります。相手は腹を立て、「空気を読めない」「不真面目」「礼儀知らず」という印象をあなたに持つでしょう。

過ちに対処しないと、聞き手との効果的なコミュニケーションで打ち解けて協力し合うようになるどころか、不和を生み、恨みを買います。相手が納得する謝罪に何が必要かを理解しておけば、そのような結末は避けられます。

取り組む理由――謝罪は勇気と強さを示す行為

「決して謝るな、君、それは弱さの証だ[1]」

1949年に製作された映画『黄色いリボン』で、ジョン・ウェインが演じる主人公はこう言い放ちました。

今日でも、こう言って絶対に謝らなかったり、どうにもならなくなってからしぶしぶ謝罪に応じたりする権力者がいますが、典型的な勘違いです。はっきり言います。謝罪は弱さの証ではありません。勇気と強さを示す行為です。人間関係――ちょっとした知り合いや初対面の相手でも――を大切にし、誰もが心地良く、前向きでいられる環境のためなら自分のエゴは二の次で構わないという姿勢が浮き彫りになります。

人間関係において、謝罪はさまざまな目的を果たします。一番わかりやすいのは、相手の怒りといら立ちを静め、復讐心を消すという効果です。気に障るような振る舞いがもう二度と繰り返されないという確信を与えつつ、信頼関係の構築と、将来的なコミュニケーションの継続を促します。

きちんと謝ることができれば、そもそも思慮分別が足りないわけではなく、たまたま失態を演じてしまったのだと納得してもらえます。怒らせてしまった相手への思いやりを示し、一段と関係を深めていくきっかけにもなります。

構成――「SOS」

的確な謝罪となるように、次の「SOS」の型を使ってみましょう。

- **S＝責任**　まず、相手を怒らせた行動を明らかにし、その責任を認める
- **O＝思いやり**　次に、自分の言動によって傷ついた相手を思いやる
- **S＝措置**　最後に、善後策となる措置を打ち出し、事態の是正に向けて起こす行動、やめる行動や、自分の思い込みをどう変えていくかを具体的に伝える

あらゆる場面で必ず通用する謝罪方法などありません。傷つけられた相手は、こちらがどれだけ深刻なミスをし、それによってどれほどの影響があったかに照らして、謝罪を評価します。5分の遅刻なら、お詫びの言葉をそつなく組み立てて伝えれば十分かもしれませんが、はからずも誰かを侮辱してしまったり、誰かに恥をかかせてしまったりした場合、

それだけでは足りない可能性があります。

過ちの深刻さにかかわらず、傷つけられた側はこちらに対し、言動の責任を受け入れ、主に感情面でどのような影響があったのかを認識し、どのように埋め合わせするつもりかを考えてほしいと思っています。これら3つの要素を組み合わせた形式により、相手の気持ちをなだめ、共感を伝えられる可能性が最大限高まります。

それでは、それぞれの要素の内容と活用の仕方を詳しく見ていきましょう。

ステップ1　責任を認める

自分の非や責任を認めず、謝罪とも呼べない謝罪でやり過ごそうとする人はよくいます。「不快にさせてしまったのであれば、申し訳ありません」という言葉は、自分の発言自体には問題がなく、聞き手側に分別があれば不快になるはずがないという印象を与えます。「ときどきよく考えずに口に出してしまうので」と言い訳し、発言のどの部分について謝っているのかをあいまいなままにする人もいます。

「不快な思いをさせて申し訳ありませんが、そちらから言われたことに動揺してしまいました」という釈明は、責任の一部あるいは全部を相手や状況に転嫁しているように受け止められます。

謝罪する時には、自分を正当化したり、大したことのないミスに見せかけようとしたり、言い逃れしたりしないようにしましょう。相手が抱いた感情に対して謝るのではありません。自分の言動に責任を持たなければ、相手に謝罪が正しく伝わりません。自分が何をしたことが問題だったのか、または何をしなかったことが問題だったのか、はっきりと説明しましょう。一般化してごまかさず、具体的に特定します。

謝るには勇気が必要とされることを忘れないでください。中途半端な陳謝やいい加減なお詫びでうやむやにしようと思ってはいけません。

発言の例

「直前までシステムのテストを行わず、申し訳ありませんでした」
「私の挙げた例がすべて男性だったことをお詫びします」
「プロジェクトに対するあなたの姿勢を人前で疑問視してしまってごめんなさい」

ステップ2　相手を思いやる

反省の対象となる言動を特定したうえで、相手への思いやりを伝えます。正しくない言動があり、それが何らかの形で相手を傷つけたことを明確に認めなければなりません。自分の作為あるいは不作為による影響をすべて認識する必要があります。

大した影響はないはずだと主張したくなるかもしれませんが、それは大きな間違いです。あなたの言動で傷ついた人がいるのです。「これぐらいのことで」と言い出すのは、相手の反応を軽んじ、自分の責任を小さく見せようとする試みです。謝罪する時には必ず、自分の言動になぜ問題があったか理解していることをできる限り明示しましょう。

発言の例

「ソフトのアップデートに長時間を要し、プロジェクトのための貴重なお時間を奪ってしまいました」

「男性ばかりを挙げれば、この仕事に対する女性の貢献を軽んじ、意欲を失わせてしまいます」

「チーム全体の前で恥をかかせ、あなたの貢献度が他の人たちより低いという印象を与えてしまいました」

ステップ3　措置を打ち出す

自分の言動に対する責任を認め、相手への影響を思いやっても、その後どう軌道修正していくつもりかを示さなければ、謝罪に重みがありません。

無能なリーダーに率いられた企業は、こうした過ちを常に繰り返しています。製品に欠陥があったり、事故を起こしたりすると、顧客の気持ちを思いやり、責任を認めはするものの、あとは「改善に向け努力する」というあいまいな表現にとどめます。どのような対策を取るかを明確にしません。いつも何ら変わらないように見えます。結果的に顧客から信頼を失い、何を言っても信じてもらえなくなります。

問題の原因となった言動を繰り返さないよう、すぐに着手する取り組みを挙げ、相手との関係を守りましょう。具体的に説明すれば、真剣に反省していることを納得してもらえ、改善の努力を見届けてほしいという気持ちが伝わります。

発言の例

「こうした事態が再び起こらないよう、今後はデモの1時間前にはテストを行うようにします。さっそく来週から実行します」

「次の会議までに、より多様性のある例を見つけ、男性の例ばかりに偏らないようにします」

「パフォーマンスの問題があれば、これからは一対一で話をするようにします」

もう一歩先へ——謝罪の効果を高めるために[2]

「SOS」の型を使えば、起きてしまった出来事に対して自分と相手の双方が効果的かつ有意義に対処できます。しかし、単に型を使いこなせれば良いわけではありません。いつ、どのような形で謝罪するかによっても大きく違ってきます。「SOS」をいっそう上手に使って効果を高めるコツは次の通りです。

コツ1　先回りしない

ミスをしてもおかしくない状況に差しかかると、先に謝っておいてダメージを軽くしたくなるかもしれません。

「30分遅れる可能性があるため、あらかじめお詫びします」
「立食パーティーの間はいろいろな人へのあいさつに忙しいので、あなたとお話できなかったらごめんなさい」
「たくさん資料があるため、このズーム会議は長引くかもしれません」
「とても緊張しているので、言葉につかえたらすみません」

先回りして謝るのは、相手の感情への配慮かもしれませんが、だいたい裏目に出ます。

こちらの誠意を疑われてしまうことが多いです。会議の予定が合わないなら、なぜ事前に調整したり、プレゼンの順番の変更を頼んだりしないのでしょうか。相手の気持ちを本当に考えるなら、行動そのものを変えないのはなぜでしょうか。

事前のお詫びは、問題のある言動にわざわざ注意を引くようなものです。相手はあなたの言動を注視し、言われた通りの展開になれば、鮮明な記憶として心に刻むでしょう。

誰かの感情を害するかもしれないと思ったら、優先順位を頭の中で明確にしましょう。謝らなくても済むように予定や行動を変えても大きな支障がなさそうなら、そうすべきです。予定や行動を変更できなければ、最善を尽くしたうえで、事後に謝罪しましょう。

コツ2　できるだけ早く謝る

一切謝らないよりは、遅ればせながらでも謝った方が良いのは確かです。すぐには謝罪できない状況もあります。CEOの同席する会議で、同僚の話をさえぎって発言してしまったなら、謝るのは会議終了後にするのが賢明でしょう。子どもを学校に送っていく途中で傷つける言葉を発してしまったなら、夕方に帰宅するのを待つ必要があるでしょう。

ただ一般的には、フィードバックと同様、できる限り早いうちに謝るのが好ましいと言えます。そうすれば、怒りがどんどん増す事態を阻止できます。相手が気付く前に謝り、自分の非を認めれば、こちらの誠意を感じ取ってもらえるかもしれません。タイミング良く謝れば、誰かを傷つけてしまったという罪悪感にさいなまれ続けずに済むでしょう。即座に詫びれば、自分も相手も前を向くことができます。

コツ3　必要な言葉だけを簡潔に

謝罪では通常、必要なことだけを言えば十分です。私たちは何か悪いことをしたと思うと、自分が周りの人からどう見られ、どう思われているかという不安に押しつぶされそうになります。言動を後悔し、引き起こしてしまったダメージを気に病むばかり、ひたすら謝罪の言葉を重ねるかもしれません。

お詫びを繰り返すと、良心の呵責はすぐに軽くなるかもしれませんが、相手はいら立ちを感じたり、むしろ嫌がらせと受け止めたりするおそれがあります。起きてしまったことを強調すれば、それが相手の頭をもたげ、いっそう気分を害すかもしれません。しつこい謝罪によって相手が気持ちを収める間がなくなる可能性があります。

簡単ではないかもしれませんが、心を込めた謝罪を端的に伝え、余計なことを言わないようにします。今すぐにではなくても、後で少し落ち着いたら、こちらの反省を受け止めてくれるだけの優しさと理性があるはずだと、相手のことも信じましょう。

同じ謝罪を何度も使ったり、ちょっとしたミスのたびに謝ったりしても、うっとうしく思われる可能性があります。問題だと思われたら、どんな小さなことでも詫びなければいけないわけではありません。会議に1分や2分遅刻するたびに、「SOS」の型を使って謝るべきでしょうか。事実に違わず、理にかなってもいる善意の発言が、相手に必ずしも正しく受け止められなかったかもしれないという場合はどうでしょうか。

謝ってばかりいると、謝罪の意味が薄れます。バランスのとれた賢明なアプローチを探りましょう。許容範囲を超えてしまったという自覚がある時には、相応の対応をすべきです。「自分がしてほしいように相手に接する」のが良いかもしれません。

シナリオ例

「SOS」の型は、ミスの大きさにかかわらず、幅広い場面に応用できます。次に紹介するシナリオで、実際にはどう使うのが最適か考えてみましょう。

シナリオ1

仕事で大変な思いをし、ストレスを抱えている時に、かっとして同僚に失礼な態度を取ってしまった。その日の午後に社内ですれ違った時、同僚が腹を立てていることに気付く。

発言の例

「声を荒らげてしまい、あなたが説明しているところに割り込んで本当にすみませんでした。私が悪かったと反省しています（**責任**）。口をはさむべきではなかったし、チーム内の居心地の良さや協力的な雰囲気を損なってしまいました（**思いやり**）。これからは、感情的になっても発言の順番を待って落ち着いて話し、他の人の意見を要約してから自分の意見を伝えるようにします（**措置**）」

ここでの話し手は、自分の振る舞いについての弁解を試みていません。相手の気持ちを害した原因をただ描写するにとどめています。相手を思いやる部分では、本人だけでなく、チーム全体にもマイナスの影響を及ぼしたことを認めています。こうすると、自分の振る舞いの悪影響を余すところなく認識していることが相手にわかってもらえます。

また、他の人たちがいる前で相手を軽んじたのに、二人だけになった時にこっそりと謝るという形は避けた方が良いでしょう。この場合、人前ですぐに謝ることで大きな効果が生まれます。

シナリオ2

外国語を母語とする同僚が同じプロジェクトに参加しており、言葉の問題でこの同僚から意見を聞くのをやめたところ、「仲間はずれにされた」と怒らせてしまった。

発言の例

「申し訳ありませんでした。言われたことを私がきちんと理解できなかったばかりに、他の人から意見を聞くようになっていました（**責任**）。話の輪から外されたように感じ、きっと嫌な気持ちになったと思います（**思いやり**）。次回は全員の意見を平等に聞けるように、皆からチャットでアイデアを募ります。そうすれば、私自身がもっと集中でき、あなたを含めた全員の言いたいことを理解しやすくなります（**措置**）」

このシチュエーションでは、ネイティブスピーカーではない人の発言がわかりづらい場合があっても、全員が意見を言いやすいようにするという実務的な目的が設定されています。相手への共感は大げさにならない程度にしつつ、会話から取り残されるのは不快で、侮辱されたように感じることすらあるという認識を明らかにしています。

シナリオ3

プレッシャーの大きい仕事の打ち合わせがオンラインで行われ、緊張して参加者の名前を読み間違えたことに気付く。大げさに騒ぎ立てたくはないものの、謝る必要性を感じる。

発言の例

「お名前の読みを間違えてしまい、申し訳ありません。正しい読み方を教えていただけますでしょうか（**責任**）。間違った読み方で不快に感じられたでしょうし、ご指摘くださる時にお気を遣わせてしまったかもしれません（**思いやり**）。今後は参加される方のお名前の事前確認にいっそう念を入れます（**措置**）」

この場合、全員の前で間違いを認めるだけでなく、正しい読み方をきちんと確認することが肝要です。すると、間違いを正そうとしている姿勢が伝わり、他の人が間違いを繰り返す事態も避けられます。間違いは指摘する側も気まずく感じるという点にまで思いを巡らせるのがカギです。

最後に――誰にでも間違いはある

コミュニケーションの授業中、大きな過ちを犯してしまったことがあります。私はその時、データに文脈を持たせる重要性を説いていました。数字ばかり出てきても、その意味や大きさを判断する情報がなければ思考が麻痺してしまうという内容で、誰かを傷つけるような展開になるとは思えないでしょう。でも、この先を聞いてください。

私は具体例として、世界屈指の大手銀行の役員に何年か前にコーチングを提供した時の話をしました。彼はプレゼンで、自分の銀行に日々入ってくる金額として天文学的な数字を挙げました。そこで私は、金額だけでなく、それがどれだけ大きな額か判断できる材料を聞き手に提供するようアドバイスしました。彼は何やら計算したうえで、世界に存在するお金の25％に相当するという説明をプレゼンに加えました。

これでデータに実感を持ってもらうことの重要性を学生に理解してもらえたはずだと、私はしばらく自己満足に浸っていました。ところが、学生の一人が腕組みし、壁をにらみつけています。普段は積極的で発言の多い学生なのに、この日は静かで物思いに沈んでいました。私の発言で気分を害してしまったのです。

授業の後、私は彼に一体どうしたのか聞いてみました。すると、私が例に出した大手銀行に、自宅が差し押さえられたばかりだと話してくれました。どれだけの金額がその銀行に毎日入ってくるかを聞いて、自分のみじめな状況が思い起こされたと言います。

私は悪いことをしたと思い、「SOS」の型で謝罪しました。銀行やその収入に触れて申し訳なかったと伝え、具体例が嫌な気持ちを引き起こしたに違いないと理解を示し、これからは聞き手につらい思いや不快感をもたらしかねない例を避けると約束しました。

頼りになる型がなければ、言うべきことを省いたり、逆にくどくどと話し続けたりしてしまったかもしれません。「SOS」の型があったからこそ、私は内容に考えを集中でき、自分の発言が相手に与えてしまった悪影響をしっかりと認めながら、短くまとまった謝罪を直ちに伝えられました。私の気遣いと即座のお詫びが受け入れられ、相手からはすぐに許してもらえました。次の授業では彼がいつも通り活発な様子を見せてくれました。私としても貴重な教訓を学びました。

誰にでも間違いはあるため、謝り方のコツを覚えておいて決して無駄にはなりません。**「SOS」の型は、間違いを犯した時にどのような感情に見舞われようとも、共感をもって相手と接し、非を認めることを私たちに促します。**関係を修復しようとする時に、弁解したい気持ちやエゴを脇に置いて謙虚になり、自己を省みるよう促します。謝るのは弱さだという既成概念は間違いです。むしろ、自分が相手を大切に思い、より良い人間になれるよう努力していることを示すのに最適な行動の一つです。

おわりに

2022年夏、私の元教え子で、水泳のオーストラリア代表選手に選ばれたことのあるアナベル・ウィリアムズが、たいていの人にとっては悪夢でしかなく、アドリブではとうてい対応できそうにないと思われる場面に遭遇しました。

パラリンピックの元金メダリストで、世界記録を5回更新したことのある彼女は、コモンウェルス・ゲームズ（英連邦諸国によるスポーツ大会）の水泳競技のテレビ生中継でコメンテーターを務めていました。ある日、放送局から急に電話がかかってきて、ゴールデンタイムの放送で共同司会者の一人が出られなくなったため、代役を頼みたいと言われました。

ウィリアムズにとって、活躍の場を広げるチャンスです。それまでゴールデンタイムの番組での司会経験はありませんでした。視聴者が100万人を超えるため、不安が頭をよぎります。主要なスポーツ大会の生中継での司会なら、何週間もかけて準備しておくのが常識です。事前の準備があるからこそ、競技が始まったり、空白時間ができたりした時に、視聴者の関心を引く話題を即座に持ち出して場をつなげられるのです。

ウィリアムズは水泳競技に関して十分に下調べしていましたが、共同司会者となれば、幅広い競技を取り上げ、コメントしなければなりません。今回は一般的な知識以外をほとんど何も持ち合わせないまま、本番に臨むことになります。

ウィリアムズは代役での出演を承諾しました。生中継が始まるまでの準備時間は4時間しかありません。まだ小さな2人の子どもを自分の母親に預けてテレビ局のスタジオに駆けつけ、衣装とメイクを何とか整え、番組制作チームとリハーサルをしました。緊張をやわらげるため、冒頭に言うべきことはカンペを作り、プロンプターに表示してもらうことにしました。最初の何分かさえ乗り切れば、あとは流れに任せられるという考えでした。

夕方の生放送が始まった時、もう一人の男性司会者に紹介されたウィリアムズは、落ち着き払った様子でした。ところがその直後、照明がつき、カメラが回っている本番中に、大変な展開に見舞われます。ウィリアムズが用意したカンペを、男性司会者が読み上げてしまったのです。ウィリアムズは男性司会者用のカンペがあるはずだと思ってプロンプターを凝視しますが、何も表示されません。

彼女はそこからしばらく、100万人を超える視聴者の前で、予備知識のほぼないビーチバレーや100メートルハードル競走についてアドリブで話すしかありませんでした。

これは極端な例で、普通の人は国際的に注目される舞台でトーク力を試される機会などないでしょう。しかし本書で見てきた通り、**プレッシャーがかかる中でとっさに受け答えを迫られる状況は、社会のさまざまな場面で日常的に訪れます**。同僚、上司、顧客、家族どころか、赤の他人からいきなり声をかけられ、何かしらの発言を求められます。

不安感や過去の経験から怖じ気づくこともあるかもしれませんが、だからと言ってコミュニケーション上級者への道が閉ざされるわけではありません。気さくで、社交的で、口がうまいと得意になっている人でも、本書で紹介したメソッドと型を取り入れることで、心の余裕と自信が増します。

このメソッドには6つのステップがありました。「気持ちを落ち着ける」「自己を解き放つ」「心構えを変える」「耳を傾ける」「話を構成する」「焦点を定める」の6つです。

多岐にわたるコツを学べば、6つのステップの実践に役立ちます。ただし大前提として、6つのステップはこれからアドリブで話す練習を積む中で徐々に身につけていくものです。

頭の回転の速さや弁舌の才といった素質に恵まれていなければ、とっさに上手な受け答えはできないというのは、よくある勘違いです。もちろん才能のある人もいますが、**アドリブでの対応に本当に必要なのは練習と準備**です。時間をかけて古い習慣から抜け出し、意識的に選択することを学べば、誰でもその場で考えて話せるようになります。

矛盾するようですが、いざという場面でうまく話せるように、あらかじめ準備が必要なのです。努力して話し方のスキルを習得しておくと、話す内容に考えを集中でき、自分らしさを存分に発揮できます。

新しいスキルを学ぶ時、自分にプレッシャーをかけないようにした方が効果は上がります。受け答えをすぐに完璧にしようと焦る必要はありません。

しかも、とっさの場面で話す能力を伸ばしたいという意欲自体が素晴らしいことです。たいていの人は受け答えの仕方について考えを巡らすことはなく、気になっていたとしても、行動に移す勇気を持ちません。

この本を手に取った皆さんは、意識の高さと度胸を兼ね備えています。あなたはきっと、うまく話せるようになる道のりをもう歩み始めたに違いありません。本書に目を通し、いくつかの練習を実際にやってみたことで、予期しない会話でも少し肩の力を抜けるようになっていたら嬉しいです。

これから何週間、何カ月、何年とかけて、即興での受け答えを意識し続け、本書で取り上げたスキルを実践していってください。社交の場に足を運び、学んだスキルやテクニックを試してください。一度だけで諦めたり、試行錯誤の間隔を開けすぎたりしてはいけません。できれば1週間のうちに何度か練習できるよう心がけます。

プロのコメディアンを目指す人でなくても、コメディのレッスンは受けられます。私や他の人が配信しているポッドキャストを聞く、オンラインコースを受講する、信頼できる友人からフィードバックをもらうなど、いろいろな方法があります。

この本はあなたにとってのスタートとなり、コミュニケーションの担い手としての成長と発展を手助けします。努力を続けていく中で本書を読み返し、復習の必要を感じるたびに手に取ってみてください。とっさのコミュニケーションが上達するにつれ、Think Fast, Talk Smartを実践することの価値を実感でき、もっと上を目指そうという意欲が湧いてくるでしょう。

アドリブでうまく話せるようになるには、根気と努力に加え、自分をいたわる気持ちが必要ですが、私の教え子やクライアントたちに言わせると、人生を一変させるほどの効果があります。

アナベル・ウィリアムズが良い例です。視聴者が見守るテレビの生放送で即興コメントを求められるというプレッシャーに直面しても、緊張で固まったり、弱気になったりしませんでした。不安な気持ちに対処して、コミュニケーションの課題を正しく捉え直し、的確に発言をまとめる方法を何年もかけて学んでいたため、想定外の状況にも速やかに適応し、先へと進む自信が培われていました。

平常心を失わないようにした彼女は、ビーチバレーや100メートルハードル競走について持ち合わせていた情報に思い至りました。窮地に立たされていたものの、こうした話のネタを共有する機会だと考え、アドリブで話しました。そして試合会場からのインタビユー中継へとつなぎ、無事に役目を果たしました。

ウィリアムズは結局、コモンウェルス・ゲームズの最後の4晩にわたってゴールデンタイムの共同司会者としてテレビ出演しました。爽快な気分を味わった彼女は、「素晴らしい」経験だったと振り返っています。[1] ウィリアムズがこれから活躍の場をどう広げていくか楽しみです。

最後に、私が大事にしているエピソードで本書を締めくくりたいと思います。私が空手で黒帯を取った時、先生から握手を求められ、「おめでとう、よくやった。ここからが始まりだ」と声をかけられました。私は修練を長年積み重ねてきた結果としての黒帯に大きな達成感を抱いていました。ところが実際には、まだ最初の一歩にすぎず、これから学ぶべきことが無数にあったのです。

とっさの受け答えもまさに同じです。本書を読み終えた皆さん、おめでとうございます。その時々に意識を集中して個性を発揮し、まぶしい脚光を浴びながらコミュニケーションする方法を学んだところでしょう。

さあ、ここからが始まりです。

付録1　シチュエーションごとに使える型の一覧

シチュエーション	型
シチュエーション1 **雑談**	**何―それが何―それで何** 意見や重要ポイントを明らかにする（**何**）。その情報の重要性を説明する（**それが何**）。新たな知識に基づく行動を提案する（**それで何**）。
シチュエーション2 **祝辞・弔辞・紹介**	**きかいに感謝** どのような**機会**での集まりかに言及する。自分との**関係**を説明する。人物、グループ、イベントについて、印象深い**逸話**や教訓を披露する。人物、グループ、イベントに対する**感謝**を伝え、祈念の言葉を添える。
シチュエーション3 **売り込み・説得**	**問題―解決策―利得** 自分と相手に共通する**問題**や**課題**を提起する。具体的なステップやプロセス、製品、メソッドを**解決策**として提示する。解決策に付随する**利得**を説明する。

	おまけの型 起業から間もない時期に投資家を呼び込みたいというシチュエーションでは、次のような表現が使える。 「~できるとしたら、どうでしょうか」「~が可能になります」 「例えば」「それだけではありません」
シチュエーション4 **質疑応答**	**これか** 質問に対する**答え**を**一文**で明確に言い切る。答えを裏付ける**例**を示す。自分の答えが質問者にとって**価値**がある理由を説明する。
シチュエーション5 **フィードバック**	**4つのK** **気付き**を伝える。どのような**考え**を持ったかを説明する。改善への**協力**を呼びかける。改善策の**効果**に言及する。
シチュエーション6 **謝罪**	**SOS** 相手を怒らせた行動を明らかにし、その**責任**を認める。自分の言動によって傷ついた相手を**思いやる**。善後策となる**措置**を説明する。事態の是正に向けて起こす行動、やめる行動や、自分の思い込みをどう変えていくかを具体的に伝える。

付録2　新着教材が見つかるウェブサイト

読者の皆さんが即興でのコミュニケーションにいっそう自信を持ち、上達を重ねていけるよう、ウェブサイト「Think Faster, Talk Smarter」を開設しました〔英語のみ〕。新しいアイデアやコツ、ツール、アドバイスを継続的に追加し、あなたの努力を支えます。本書で取り上げたテーマを深めたり、さらに視野を広げたりするための記事や動画を紹介しています。本書を何度でも読み返してもらいたいのと同様、このウェブサイトにも繰り返し立ち寄ることをおすすめします。

下記の二次元バーコードをスマホで読み込むと、役に立つリソース満載のウェブサイトがすぐに開きます。

謝辞

本書の出版プロジェクトは、突然の一本の電話から始まりました。リア・トロウボースト氏に話を持ちかけられ、私は「そう、かもしれませんね」と歯切れが悪い答えを何度か繰り返した末、ようやく「そうですね、それでは……」と企画を前に進めるに至りました。この返事にたどり着くまでの間、エージェントのクリスティ・フレッチャー氏とそのチーム、特にサラ・フエンテス氏が大きな支えになってくれたことに、とても感謝しています。クリスティは、「まだ」という言葉が、自分に伸びしろがあるという「しなやかマインドセット」を思い出すための合言葉だけでなく、未熟な自分への協力を求める優れた交渉戦略であることも教えてくれました。折衝が功を奏し、リチャード・ローラー、マイケル・アンダーセン、エリザベス・ブリーデン、ジェシカ・プリーグ、ナン・リッテンハウス、イングリッド・カラブレア、クレア・マウラー各氏を含むサイモン・エレメントの頼もしい面々の力添えを頂くことができました。中でも、たいへん協力的で、忍耐強く、アイデア豊富な編集者のリア・ミラー氏にはお世話になりました。執筆の相談に乗ってくれ、新たな友人となったセス・シュルマン氏の力を借りられたことも大きな幸運でした。セスの知識と経験によって、本書がずいぶんと磨き上げられ、私自身も成長できました。

　本書で取り上げたアイデア、気付き、実践的知識を得られたのは、たくさんの方々のおかげです。まず、コースの受講生、コーチングのクライアント、ポッドキャストのゲストおよびリスナーの全員に御礼を申し上げます。私が皆さんから学んだことは、皆さんが私から学んだことより多かったかもしれません。原稿に目を通してくれたレイン・エーマン、デイビッド・ポール・ドイル、ボニー・ライト、セリーン・ウォレス、クリント・ローゼンタール各氏にも感謝します。皆さんにページ一枚一枚を読む時間を取ってもらえて助かりました。

　そして、私にとっての講師仲間であり、友人、メンターでもあるアダム・トービン氏に謝意を表したいと思います。即興力でコミュニケーションと人生をより良いものにできることを教えてくれたアダム、ありがとう。同じく講師仲間のクリスティン・ハンセン、ローレン・ワインスタイン、シャウォン・ジャクソン、ブレンダン・ボイルの各氏にもお世話になり、J・D・シュラム、アリソン・クルーガー、バート・アルパーの各氏から頂いた助けや知識にも救われました。新しいことへの挑戦や有益な授業内容の開発を常に促してくれたスタンフォード大学経営大学院とその継続学習プログラム、そして授業、ワークショップ、ポッドキャストを支援してくれた歴代の学長にも御礼を申し上げます。

　ポッドキャスト「Think Fast, Talk Smart」に関しては、優れたエグゼクティブ・プロデューサーのジェニー・ルナ氏のほか、スタンフォード大学経営大学院のマーケティングコミュニケーションチームの歴代メンバー、ソレル・デンホルツ、ページ・ヘッツェル、ケルシー・ドイル、ニール・マクフェドラン、コリー・ホール、トリシア・サイボルド、サッシャ・レダン、アイリーン・サトー・チャン、マイケル・フリードマン、シェイナ・リンチ各氏のお世話になりました。ポッドキャストのみに限らず、スタンフォード大学で出版経験のあるジェニファー・アーカー、ナオミ・バグドナス、ボブ・サットン、ティナ・シーリグ、ジェレミー・アトリー、サラ・スタイン・グリーンバーグ、キャロル・ロビン、パトリシア・ライアン・マドソンの各氏からご指導や助言を頂きましたことを、心から感謝します。

　リチャード・アリオト先生は40年以上にわたり、空手の道場だけにとどまらない教えを授けてくれました。授業は生徒の関心を引くものでなければならず、リサーチは創造性を発揮できる作品になり得ることに気付かせてくれたフィル・ジンバルド氏にも御礼を申し上げます。応用コミュニケーションの学問的な研究に価値があるという私の確信をさらに強めてくれたスタンフォード大学経営大学院の教授陣にも感謝しています。読書クラブ、料理クラブ、「SINners」クラブ、「Old Dudes」クラブ、チーム・オナガドリの仲間たちは、アドバイスや息抜き、サポート、そして「セラピー」で協力してくれました。

私の家族、そして親戚一同に深く感謝します。両親と兄弟は、私が夢を追いかけることを応援し、学習と成長には失敗がつきものだと教えてくれました。根気よく、情緒面とテクニカル面の両方でサポートしてくれる息子たちもありがとう。ネット上でそれほど恥をかかずに済んでいるのは君たちのおかげです。

いつも愛情を注ぎ、応援し、相談に乗り、アドバイスを提供してくれる妻に感謝を捧げます。本の執筆という私の「道楽」を寛大な心で支えてくれました。相手の話を聞くという教えをまず自ら実践すべきであるとともに、コミュニケーションのさらなる上達を決して焦ってはならないという心構えを思い出させてくれてありがとう。

コミュニケーション能力を高める最良の方法は、時間をかけ、チャンスをつかみに行き、たとえ新たな試みがうまくいかなくても自分を責めないようにすることです。

原注

はじめに

1. Christopher Ingraham, “America’s Top Fears: Public Speaking, Heights and Bugs,” *Washington Post,* October 30, 2014, https://www.washingtonpost.com/news/wonk/wp/2014/10/30/clowns-are-twice-as-scary-to-democrats-as-they-are-to-republicans/.

2. “Why Are Speakers 19% Less Confident in Impromptu Settings?,” Quantified, September 13, 2016, https://www.quantified.ai/blog/why-are-speakers-19-less-confident-in-impromptu-settings/.

第1章

1. 不安が「認知に負荷がかかる作業の成果を損ない、本来の能力を十分に発揮できなくする」ことは、研究によって示されています。ワーキングメモリ（作業記憶）の容量が奪われ、脳のうち思考に使われる部分に負担がかかります。
   Erin A. Maloney, Jason R. Sattizahn, and Sian L. Beilock, “Anxiety and Cognition,” *WIREs Cognitive Science* 5, no. 4（July/August 2014）: 403–11, https://doi.org/10.1002/wcs.1299.

2. Kenneth Savitsky and Thomas Gilovich, “The Illusion of Transparency and the Alleviation of Speech Anxiety,” *Journal of Experimental Social Psychology* 39, no. 6（November 2003）: 619, https://doi.org/10.1016/S0022-1031（03）00056-8.

3. Alyson Meister and Maude Lavanchy, “The Science of Choking Under Pressure,” *Harvard Business Review,* April 7, 2022, https://hbr.org/2022/04/the-science-of-choking-under-pressure.
   プレッシャーがかかると本領を発揮できなくなるメカニズムについて、以下の文献も参考になります。
   Marcus S. Decaro et al., “Choking Under Pressure: Multiple Routes to Skill Failure,” *Journal of Experimental Psychology* 140, no. 3, 390–406, https://doi.org/10.1037/a0023466.

4. Ann Pietrangelo, “What the Yerkes-Dodson Law Says About Stress and Performance,” Healthline, October 22, 2020, https://www.healthline.com/health/yerkes-dodson-law. Nick Morgan, “Are You Anxious? What Are the Uses of Anxiety, if Any?” Public Words, May 17, 2022, https://publicwords.com/2022/05/17/are-you-anxious-what-are-the-uses-of-anxiety-if-any/. も参照のこと。

5. Elizabeth D. Kirby et al., "Acute Stress Enhances Adult Rat Hippocampal Neurogenesis and Activation of Newborn Neurons via Secreted Astrocytic FGF2," *eLife* 2: e00362.
この研究内容は以下の文献で要約されています。
Robert Sanders, "Researchers Find Out Why Some Stress Is Good for You," *Berkeley News,* April 16, 2013, https://news.berkeley.edu/2013/04/16/researchers-find-out-why-some-stress-is-good-for-you/.

6. 人前で話すことへの不安について、学術的にも同様の分類が使われています。
Graham D. Bodie, "A Racing Heart, Rattling Knees, and Ruminative Thoughts: Defining Explaining, and Treating Public Speaking Anxiety, *Communication Education* 59, no. 1 (2010) : 70–105, https://doi.org/10.1080/03634520903443849.

7. この方法は他でもすすめられています。
Alyson Meister and Maude Lavanchy, "The Science of Choking Under Pressure," *Harvard Business Review,* April 7, 2022, https://hbr.org/2022/04/the-science-of-choking-under-pressure.

8. S. Christian Wheeler (スタンフォード大学経営大学院のストラタコム経営学教授・マーケティング学教授), 筆者とのインタビュー , June 7, 2022.

9. Alison Wood Brooks, "Get Excited: Reappraising Pre-Performance Anxiety as Excitement," *Journal of Experimental Psychology*: General 143, no. 1 (2013), DOI:10.1037/a0035325.

10. Andrew Huberman, 筆者とのインタビュー , "Hacking Your Speaking Anxiety: How Lessons from Neuroscience Can Help You Communicate Confidently," *Think Fast, Talk Smart,* podcast, May 14, 2021, https://www.gsb.stanford.edu/insights/hacking-your-speaking-anxiety-how-lessons-neuroscience-can-help-you-communicate.

11. Huberman, "Hacking Your Speaking Anxiety."

12. こうしたフレーズは、さまざまな属性や立場の聞き手への配慮を意識することなど、他の目的でも使えます。
Deborah Gruenfeld, "Using a Mantra to Be a More Inclusive Leader," *Harvard Business Review,* February 24, 2022, https://hbr.org/2022/02/using-a-mantra-to-be-a-more-inclusive-leader.

13. Thomas Gilovich et al., "The Spotlight Effect Revisited: Overestimating the Manifest Variability of Our Actions and Appearance," *Journal of Experimental Social Psychology* 38, no. 1 (January 2002) :93–99, https://www.sciencedirect.com/science/article/abs/pii/S0022103101914908.

第2章

1. Keith Johnstone, *Impro: Improvisation and the Theatre* (New York:Routledge, 1987).
〔キース・ジョンストン著『インプロ　自由自在な行動表現』(三輪えり花訳、而立書房)〕

2. Federica Scarpina and Sofia Tagini, "The Stroop Color and Word Test," *Frontiers in Psychology* 8, article 557 (April 2017), https://doi.org/10.3389/fpsyg.2017.00557.

3. 認知負荷論については、以下の文献が参考になります。
Fred Paas and Jeroen J. G. van Merriënboer, "Cognitive-Load Theory: Methods to Manage Working Memory Load in the Learning of Complex Tasks," *Current Directions in Psychological Science* 29, no. 4 (July 8, 2020), https://doi.org/10.1177/0963721420922183; George Christodoulides, "Effects of Cognitive Load on Speech Production and Perception" (PhD diss., Catholic University of Louvain, 2016), https://www .afcp-parole.org/doc/theses/these_GC16.pdf; Paul A. Kirschner, "Cognitive Load Theory: Implications of Cognitive Load Theory on the Design of Learning," *Learning and Instruction* 12, no. 1 (February 2002) : 1–10; and "What to Do When Cognitive Overload Threatens Your Productivity," Atlassian.com, downloaded October 24, 2022, https://www.atlassian.com/blog/productivity/cognitive-overload.

4. ヒューリスティックについては、以下の文献が参考になります。
Steve Dale, "Heuristics and Biases: The Science of Decision-Making," *Business Information Review* 32, no. 2 (2015) : 93–99, https://doi.org/10.1177/0266382115592536, and Fatima M. Albar and Antonie J. Jetter, "Heuristics in Decision Making," *Proceedings of Portland International Conference on Management of Engineering & Technology* (2009) : 578–84, DOI:10.1109/PICMET.2009.5262123.
認知負荷を減らすうえでのヒューリスティックの役割については、以下の文献が参考になります。
Justin Sentz and Jill Stefaniak, "Instructional Heuristics for the Use of Worked Examples to Manage Instructional Designers' Cognitive Load while Problem-Solving," *TechTrends* 63 (2019), https://doi.org/10.1007/s11528-018-0348-8.

5. Susan Weinschenk, "The Power of the Word 'Because' to Get People to Do Stuff," *Psychology Today,* October 15, 2013, https://www.psychologytoday.com/us/blog/brain-wise/201310/the-power-of-the-word-because-to-get-people-to-do-stuff.

6. このエピソードは以下の文献をもとにしています。
"Tina Seelig: Classroom Experiments in Entrepreneurship," YouTube video, 6:11, May 31, 2011, https://www.youtube.com/watch?v=VVgIX0s1wY8.

7. Maura Cass and Owen Sanderson, "To Transform Your Industry, Look at Someone Else's," IDEO, May 22, 2019, https://www.ideo.com/journal/to-transform-your-industry-look-at-someone-elses.

8. 筆者が「ありきたりであれ (dare to be dull)」という表現を初めて目にしたのは、ティナ・フェイ著『Bossypants』だったと記憶しています。筆者らが教える「即興スピーキング」のクラスでは、常に「何かうまいことを言わなければ」とプレッシャーを感じる必要はないと学生に思い起こさせるために、この表現をよく使っています。
Tina Fey, *Bossypants* (New York: Little, Brown and Company, 2011).

9. Matt Abrahams, "Speaking without a Net: How to Master Impromptu Communication," *Stanford Business,* January 17, 2020, https://www .gsb.stanford.edu/insights/speaking-without-net-how-master-impromptu-communication. ダン・クラインはここで、やはり即興演劇の専門家であるキース・ジョンストンの教えを説いています。

10. Matt Abrahams, "Managing in the Moment: How to Get Comfortable with Being Uncomfortable," *Stanford Business,* August 28, 2020, https://www.gsb.stanford.edu/insights/managing-moment-how-get-comfortable-being-uncomfortable.

11. See Matt Abrahams, "The Trick to Public Speaking Is to Stop Memorizing," Quartz, updated July 20, 2022, https://qz.com/work/1642074/the-trick-to-public-speaking-is-to-stop-memorizing/.

12. Anthony Veneziale, "'Stumbling Towards Intimacy': An Improvised TED Talk," YouTube video, 11:02, https://www.ted.com/talks/anthony_veneziale_stumbling_towards_intimacy_an_improvised_ted_talk.

13. 即興を専門とするアダム・トービンが、筆者のポッドキャストへの出演時に同様の内容を指摘しました。
Matt Abrahams, "Speaking without a Net: How to Master Impromptu Communication," *Stanford Business,* January 17, 2020, https://www.gsb.stanford.edu/insights/speaking-without-net-how-master-impromptu-communication.

第3章

1. ダン・クラインの話はこちらで聞けます。
Matt Abrahams, "Speaking without a Net: How to Master Impromptu Communication," *Stanford Business,* January 17, 2020, https://www.gsb.stanford.edu/insights/speaking-without-net-how-master-impromptu-communication.

2. Dan Klein (即興演劇の専門家、スタンフォード大学経営大学院の講師), 筆者とのインタビュー, June 19, 2022.

3. Trevor Wallace, 筆者とのインタビュー, June 22, 2022.

4. Clay Drinko, "Is the 'Yes, And' Improv Rule a Rule for Life?," *Play Your Way Sane* (blog), September 2, 2020, https://www.playyourwaysane.com/blog/is-the-yes-and-improv-rule-a-rule-for-life.

5. Craig O. Stewart et al., “Growth Mindset: Associations with Apprehension, Self-Perceived Competence, and Beliefs about Public Speaking,” *Basic Communication Course Annual* 31, no. 6 (2019), https://ecommons.udayton.edu/bcca/vol31/iss1/6.

6. Carol Dweck, *Mindset: The New Psychology of Success* (New York: Ballantine Books, 2016) ; “The Power of Believing That You Can Improve,” TEDxNorrkoping Video, 10:11, https://www.ted.com/talks/carol_dweck_the_power_of_believing_that_you_can_im prove.
本章では、キャロル・ドゥエックの研究が要約された以下の文献も参照しました。
“Carol Dweck: A Summary of Growth and Fixed Mindsets,” *fs* (blog), https://fs.blog/carol-dweck-mindset/.

7. Jennifer Aaker, “Step by Step: Think of Goals as Part of the Journey, Not the Destination,” Character Lab, May 22, 2022, https://characterlab.org/tips-of-the-week/step-by-step/.

8. Szu-chi Huang and Jennifer Aaker, “It’s the Journey, Not the Destination: How Metaphor Drives Growth After Goal Attainment,” *American Psychological Association* 117, no. 4 (2019) : 697–720, https://doi.org/10.1037/pspa0000164.

9. Patricia Ryan Madson (即興専門家、スタンフォード大学の名誉上級講師), 筆者とのインタビュー , May 27, 2022.

10. Patricia Madson, 筆者へのメール , June 19,2022.

11. Kelly Leonard and Tom Yorton, *Yes, And: How Improvisation Reverses “No, But” Thinking and Improves Creativity and Collaboration* (New York: Harper Business, 2015).〔ケリー・レオナルド、トム・ヨートン著『なぜ一流の経営者は即興コメディを学ぶのか』(ディスカヴァー・トゥエンティワン編集部訳、ディスカヴァー・トゥエンティワン)〕

12. Patricia Ryan Madson, 筆者とのインタビュー , June 12,2022.
マドソンはこのエピソードを以下の著書で語っています。
Improv Wisdom: Don’t Prepare, Just Show Up (New York: Bell Tower, 2005).〔『スタンフォード・インプロバイザー —— 一歩を踏み出すための実践スキル』(野津智子訳、東洋経済新報社)〕

13. Michael Kruse, “The Next Play: Over 42 Years, Mike Krzyzewski Sustained Excellence by Looking Ahead,” *Duke Magazine,* March 16, 2022, https://alumni.duke.edu/magazine/articles/next-play.

14. Kruse, “The Next Play.”

15. 例えば以下の文献が参考になります。
Maitti Showhopper, “New Choice,” Improwiki, updated September 23, 2015, https://improwiki.com/en/wiki/improv/new_choice.

16. Jade Panugan, "'The Story of the Chinese Farmer' by Alan Watts," Craftdeology, https://www.craftdeology.com/the-story-of-the-chinese-farmer-by-alan-watts/.

第4章

1. Fred Dust, *Making Conversation: Seven Essential Elements of Meaningful Communication* (New York: Harper Business, 2020).
2. Fred Dust (IDEOの元上級パートナー兼グローバル・マネジングディレクター), 筆者とのインタビュー, June 17, 2022.
3. Ari Fleischer (ジョージ・W・ブッシュ政権時の大統領報道官), 筆者とのインタビュー, June 17, 2022.
4. Matt Abrahams, "Speaking without a Net: How to Master Impromptu Communication," *Stanford Business,* January 17, 2020,https://www.gsb.stanford.edu/insights/speaking-without-net-how-master-impromptu-communication.
5. Guy Itzchakov and Avraham N. (Avi) Kluger, "The Power of Listening in Helping People Change," *Harvard Business Review,* May 17, 2018, https://hbr.org/2018/05/the-power-of-listening-in-helping-people-change.
6. Collins Dobbs and Matt Abrahams, "Space, Pace, and Grace: How to Handle Challenging Conversations," *Stanford Business,* October 15, 2021, https://www.gsb.stanford.edu/insights/space-pace-grace-how-handle-challenging-conversations.
7. Debra Schifrin and Matt Abrahams, "Question Everything: Why Curiosity Is Communication's Secret Weapon," *Stanford Business,* March 12, 2021, https://www.gsb.stanford.edu/insights/question-everything-why-curiosity-communications-secret-weapon.
8. Guy Itzchakov and Avraham N. (Avi) Kluger, "The Power of Listening in Helping People Change," *Harvard Business Review,* May 17, 2018, https://hbr.org/2018/05/the-power-of-listening-in-helping-people-change.
9. Tania Israel, "How to Listen—Really Listen—to Someone You Don't Agree With," *Ideas.Ted,* October 12, 2020, https://ideas.ted.com/how-to-listen-really-listen-to-someone-you-dont-agree-with/.
10. Guy Itzchakov (イスラエル・ハイファ大学経営学部講師), 筆者とのインタビュー, June 24, 2022.
11. Bob Baxley (アップル、ピンタレスト、ヤフーの元デザイン担当上級幹部), 筆者とのインタビュー, June 23, 2022.

12. Matt Abrahams, "Speaking without a Net: How to Master Impromptu Communication," *Stanford Business*, January 17, 2020, https://www.gsb.stanford.edu/insights/speaking-without-net-how-master-impromptu-communication.

13. Matt Abrahams, "Building Successful Relationships: How to Effectively Communicate in Your Professional and Personal Life," *Stanford Business*, February 18, 2021, https://www.gsb.stanford.edu/insights/building-successful-relationships-how-effectively-communicate-your-professional-personal.

14. Kim Zetter, "Robin Williams Saves the Day at TED When Tech Fails," *Wired*, February 28, 2008, https://www.wired.com/2008/02/robin-williams/.
ロビン・ウィリアムズが登場した時のことについては、以下の動画も参考になります。
Garr Reynolds, "Robin Williams on the TED Stage," Presentation Zen, August 2014, https://www.presentationzen.com/presentationzen/2014/08/robin-williams-on-the-ted-stage.html.

第5章

1. Meghan Talarowski（遊具デザイナー、Studio Ludo 創業者）, 筆者とのインタビュー , July 29, 2022.

2. Sue Stanley（トーストマスターズ・インターナショナルの上級教材デザイナー）, 筆者とのインタビュー , June 29, 2022.

3. "Music 101: What Is Song Structure?" *Masterclass*, August 9, 2021, https://www.masterclass.com/articles/music-101-what-is-song-structure.

4. ABDCE の形式については、例えば以下の文献が参考になります。
Avani Pandya, "Understanding the ABDCE Plot Structure（with Some Context on Mentoring a Course）," LinkedIn, October 21, 2021, https://www.linkedin.com/pulse/understanding-abdce-plot-structure-some-context-mentoring-pandya/.

5. David Labaree（スタンフォード大学の教育学教授）, 筆者とのインタビュー , August 2, 2022.

6. Dalmeet Singh Chawla, "To Remember, the Brain Must Actively Forget," *Quanta*, July 24, 2018, https://www.quantamagazine.org/to-remember-the-brain-must-actively-forget-20180724/.

7. "Brains Love Stories: How Leveraging Neuroscience Can Capture People's Emotions," *Stanford Business*, September 2, 2021, https://www.gsb.stanford.edu/insights/brains-love-stories-how-leveraging-neuroscience-can-capture-peoples-emotions.

8. "Jennifer Aaker—Persuasion and the Power of Story," Future of Storytelling video, 5:08, https://futureofstorytelling.org/video/jennifer-aaker-the-power-of-story.

9. Frank Longo（スタンフォード大学の医学・神経外科教授）, 筆者とのインタビュー , July 21, 2022.

10. Jennifer Aaker, "Faculty Profile," *Stanford Business*, accessed October 4, 2022, https://www.gsb.stanford.edu/faculty-research/faculty/jennifer-aaker; "Jennifer Aaker—Persuasion and the Power of Story."

11. "Jennifer Aaker—Persuasion and the Power of Story."

12. Raymond Nasr（グーグルの元コミュニケーション担当幹部）, 筆者とのインタビュー , June 8, 2022.

13. Myka Carroll, *New York City for Dummies* (Hoboken, NJ: Wiley, 2010).

14. Myka Carroll（「フォー・ダミーズ」シリーズの編集ディレクター、『ニューヨークシティ・フォー・ダミーズ』著者）, 筆者へのメール , December 19, 2022.

15. Josef Parvizi（スタンフォード大学の神経学教授）, 筆者とのインタビュー , August 5, 2022.

16. James Whittington（即興・演劇講師、セカンドシティのディレクター）, 筆者へのメール , July 12, 2022.

17. 以下の文献を参照しました。
Matt Button, "Impromptu Speaking Techniques," Mattbutton.com, February 23, 2019, https://www.mattbutton.com/2019/02/23/impromptu-speaking-techniques/; Leah, "4 Ways Structure Can Improve Your Communication," Userlike, September 4, 2019, https://www.userlike.com/en/blog/talk-with-structure; and "How to Use the STAR Interview Technique in Interviews," Indeed, updated September 23, 2022, https://uk.indeed.com/career-advice/interviewing/star-technique.

18. 各ツールは以下の通りです。
"Table Topics," Virtual Speech, accessed October 4, 2022, https://virtualspeech.com/tools/table-topics and "Interview Warmup," Google (certificate), accessed October 4, 2022, https://grow.google/certificates/interview-warmup/.

19. Karen Dunn（ポール・ワイス・リフキンド・ワートン・ギャリソン法律事務所のパートナー、大統領候補討論会の専門家）, 筆者とのインタビュー , June 6, 2022.

20. Raymond Nasr, 筆者とのインタビュー , June 8, 2022.

21. Andrew Bright, "The Story Spine," Panic Squad Improv Comedy, accessed October 4, 2022, https://careynieuwhof.com/wp-content/uploads/2016/08/Improv-Story-Spine.pdf.

第6章

1. Joshua VanDeBrake, "Steve Jobs' Blueprint for Revolutionary Marketing," *Better Marketing*, August 24, 2019, https://bettermarketing.pub/steve-jobs-blueprint-for-revolutionary-marketing-b88ec38f335; Vejay Anand, "Iconic Ads: iPod—Thousand Songs in Your Pocket," Only Kutts, July 30, 2021, https://onlykutts.com/index.php/2021/07/30/ipod-a-thousand-songs-in-your-pocket/.

2. 筆者がババ・シブに行ったインタビューはこちらで聞けます。
"Feelings First: How Emotion Shapes Our Communication, Decisions, and Experiences," *Think Fast, Talk Smart*, podcast, November 20, 2020, https://www.gsb.stanford.edu/insights/feelings-first-how-emotion-shapes-communication-decisions-experiences.

3. Scott Magids, Alan Zorfas, and Daniel Leemon, "The New Science of Customer Emotions," *Harvard Business Review* (November 2015), https://hbr.org/2015/11/the-new-science-of-customer-emotions.
政治関連の広告も「感情に訴えかけることで有権者を動かし、説得する」ようにできていることが、研究によって示されています。
Youn-Kyung Kim and Pauline Sullivan, "Emotional Branding Speaks to Consumers' Heart: The Case of Fashion Brands," *Fashion and Textiles* 6, no. 2 (February 2019), https://doi.org/10.1186/s40691-018-0164-y.

4. Jim Koch, *Quench Your Own Thirst: Business Lessons Learned over a Beer or Two* (New York: Flatiron Books, 2016), 72–74.

5. 筆者が初めてこの表現を目にしたのは、以下の文献の第2章です。
Chip and Dan Heath, *Made to Stick: Why Some Ideas Survive and Others Die* (New York: Random House, 2007): 31–32.

6. Carmine Gallo, "Neuroscience Proves You Should Follow TED's 18-Minute Rule to Win Your Pitch," *Inc.*, accessed October 6, 2022, https://www.inc.com/carmine-gallo/why-your-next-pitch-should-follow-teds-18-minute-rule.html.

7. "Glossary of Demographic Terms," PRB, accessed October 6, 2022, https://www.prb.org/resources/glossary/.

8. Anthony Dalby (レゴ社のデザイナー), 筆者とのインタビュー, August 10, 2022.

9. こうした工夫については、以下の文献が参考になります。"Hit the Mark: Make Complex Ideas Understandable," *Stanford Business*, March 29, 2018, https://www.gsb.stanford.edu/insights/hit-mark-make-complex-ideas-understandable.

10. この部分ではザカリー・トーマラの助力を得ました。背景については、以下の文献が参考になります。
Richard E. Petty et al., "Motivation to Think and Order Effects in Persuasion: The Moderating Role of Chunking," *Personality and Social Psychology Bulletin* 27, no. 3（March 2001）: 332–44, DOI:10.1177/0146167201273007.

11. Josef Parvizi, 筆者とのインタビュー , August 5, 2022.

12. "About," Six Word Stories, December 28, 2008, http://www.sixwordstories.net/about/.

13. "Largest Companies by Market Cap," Companies Market Cap, accessed October 6, 2022, https://companiesmarketcap.com/〔邦訳に当たり 2024 年 3 月 27 日にアクセス〕.

14. Raymond Nasr, 筆者とのインタビュー , June 8, 2022.

15. "Maximize Access to Information," Google, accessed October 4, 2022, https://www.google.com/search/howsearchworks/our-approach/.

シチュエーション1

1. 自己開示を進めていくほど、相手も心を開いてくれるようになります。
Elizabeth Bernstein, "Have Better Conversations with Friends—or Anyone," *Wall Street Journal*, July 26, 2022, https://www.wsj.com/articles/have-better-conversations-with-friendsor-anyone-11658845993.

2. 会話は、順番の交代という側面から学術的に分析されています。
Michael Yeomans et al., "The Conversational Circumplex: Identifying, Prioritizing, and Pursuing Informational and Relational Motives in Conversation," *Current Opinion in Psychology* 44（2022）: 293–302, https://doi.org/10.1016/j.copsyc.2021.10.001.

3. Celeste Headlee, "Why We Should All Stop Saying 'I Know Exactly How You Feel,'" *Ideas.Ted*, September 21, 2017, https://ideas.ted.com/why-we-should-all-stop-saying-i-know-exactly-how-you-feel/.

4. Rachel Greenwald, 筆者へのメール , August 12, 2022, and December 2, 2022.

5. 同前。

6. Michael Yeoman et al., "Conversational Receptiveness: Improving Engagement with Opposing Views," *Organizational Behavior and Human Decision Processes* 160（September 2020）: 131–48, https://doi.org/10.1016/j.obhdp.2020.03.011.

シチュエーション3

1. 具体例としては、以下の文献が挙げられます。
Robert B. Cialdini, *Influence* (New York: Collins, 2007)〔ロバート・B・チャルディーニ著『影響力の武器』(社会行動研究会訳、誠信書房)〕; Chip Heath and Dan Heath, *Switch: How to Change Things When Change Is Hard* (New York: Broadway Books, 2010)〔チップ・ハース、ダン・ハース著『スイッチ！――「変われない」を変える方法』(千葉敏生訳、早川書房)〕; and Zoe Chance, *Influence Is Your Superpower: The Science of Winning Hearts, Sparking Change, and Making Good Things Happen* (New York: Random House, 2022).

2. Andy Raskin, "Want a Better Pitch?" Medium, July 13, 2015, https://medium.com/firm-narrative/want-a-better-pitch-watch-this-328b95c2fd0b.

3. See J. L. Freedman and S. C. Fraser, "Compliance without Pressure: The Foot-in-the-Door Technique," *Journal of Personality and Social Psychology* 4, no. 2 (1966) : 195–202.

4. 「コツ 3」と「コツ 4」は、筆者の既刊書の内容をもとにしています。
Speaking Up without Freaking Out: 50 Techniques for Confident and Compelling Presenting (Dubuque, IA: Kendall Hunt, 2016).

5. 障害への対処については、以下の文献が参考になります。
Andy Raskin, "The Greatest Sales Deck I've Ever Seen," Medium, September 16, 2016, https://medium.com/the-mission/the-greatest-sales-deck-ive-ever-seen-4f4ef3391ba0.

シチュエーション4

1. 筆者の既刊書（*Speaking Up without Freaking Out*）の付録も参考にしてください。本章には、同書のほか、過去に作成した動画や教材向けに筆者がもともと用意したコンテンツが含まれます。

シチュエーション5

1. Ruben Nieves（スタンフォード大学の男子バレーボールコーチ、カリフォルニア州立大学フレズノ校の女子バレーボールコーチ、ポジティブ・コーチング・アライアンスのトレーニング担当ディレクター), 筆者とのインタビュー , May 31, 2022.

2. Therese Huston, "Giving Critical Feedback Is Even Harder Remotely," *Harvard Business Review*, January 26, 2021, https://hbr.org/2021/01/giving-critical-feedback-is-even-harder-remotely.

シチュエーション6

1. John Baldoni, "What John Wayne Got Wrong About Apologizing," *Forbes*, April 3, 2019, https://www.forbes.com/sites/johnbaldoni/2019/04/03/what-john-wayne-got-wrong-about-apologizing/.

2. この部分では以下の文献を大いに参照しました。
Lolly Daskal, "The Right and Wrong Way to Apologize and Why It Matters," *Inc.*, November 27, 2017, https://www.inc.com/lolly-daskal/the-right-wrong-way-to-apologize-why-it-matters.html.

おわりに

1. Annabelle Williams, "Reflecting on the past couple of weeks," LinkedIn, accessed October 6, 2022, https://www.linkedin.com/posts/annabellewilliams_community-mentorship-sponsorship-activity-6964726246865846272-acYp/.

著者紹介

マット・エイブラハムズ　Matt Abrahams

コミュニケーションの専門家。スタンフォード大学経営大学院で組織行動学の講師として、戦略的コミュニケーションやバーチャル・プレゼンテーションなどの人気講義を担当し、アラムナイ・ティーチング・アワードを受賞。スタンフォード継続学習プログラムでも、即興で会話するためのメソッドを教えている。また、コンサルタントやコーチ、講演者としても活躍し、IPOロードショーやノーベル賞受賞スピーチ、TEDトーク、世界経済フォーラムといった重要な場に向けて準備する数々の発表者を支援してきた。自身のオンライン講演は数百万ビューを獲得し、受賞歴のある人気ポッドキャスト「Think Fast, Talk Smart: The Podcast」を司会している。前著『Speaking Up without Freaking Out』は、不安を克服し、自信を持って自分らしく会話するために多くの読者に役立てられている。リラックスしてリフレッシュする手段は、妻とのハイキング、子供との会話やスポーツ観戦、友人と会うこと、空手など。

訳者紹介

見形プララット かおり　Kaori Mikata-Pralat

英日・独日翻訳者。国際基督教大学(ICU)教養学部社会科学科卒業後、ドイツのヴィアドリナ欧州大学で欧州研究の修士号を取得。「ウォール・ストリート・ジャーナル(WSJ)」日本版などで社内翻訳者を10年以上経験した後、フリーランスとして独立。英国翻訳通訳協会(ITI)正会員、日本証券アナリスト協会認定アナリスト(CMA)。2007年から英国在住。訳書に『High-Impact Tools for Teams プロジェクト管理と心理的安全性を同時に実現する5つのツール』(翔泳社)。

ブックデザイン　杉山 健太郎
DTP　株式会社 シンクス

Think《シンク》 Fast《ファスト》, Talk《トーク》 Smart《スマート》
米MBA《エムビーエー》生が学ぶ「急に話を振られても困らない」ためのアドリブ力

2024年 6月26日 初版第1刷発行
2024年10月15日 初版第4刷発行

著者　マット・エイブラハムズ
訳者　見形《みかた》プララットかおり
発行人　佐々木 幹夫
発行所　株式会社 翔泳社（https://www.shoeisha.co.jp）
印刷・製本　株式会社 加藤文明社

本書へのお問い合わせについては、9ページに記載の内容をお読みください。

造本には細心の注意を払っておりますが、万一、乱丁（ページの順序違い）や落丁（ページの抜け）がございましたら、お取り替えいたします。03-5362-3705までご連絡ください。

ISBN 978-4-7981-8312-1　Printed in Japan